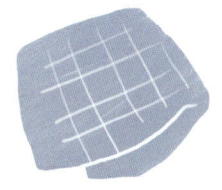

CANDLE

CANDLE

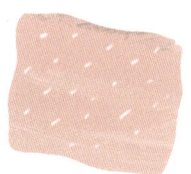

CANDLE

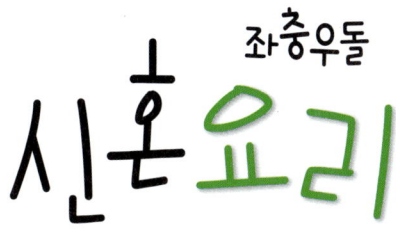

좌충우돌

신혼요리

정유선 지음

과스 출

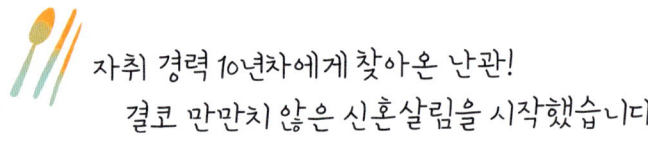

자취 경력 10년차에게 찾아온 난관!
결코 만만치 않은 신혼살림을 시작했습니다

밖에서는 아닌 척하지만 알고 보면 애교 넘치는 사랑꾼을 만나 결혼을 하게 되었습니다.

결혼 준비는 수월했어요. 취향과 사고방식이 비슷하다보니 다소 예민할 법한 문제까지도 별 탈 없이 넘어갔지요. 결혼식과 신혼여행까지 꿀맛 같은 시간이었어요.

이제 우리의 앞날은 꽃길일 것이다!

아름다운 신혼생활이 우릴 기다리고 있다고 굳게 믿었습니다. 둘 다 자취생활로 혼자 살았던 시간이 길다 보니 둘이 함께하는 신혼을 향한 기대감이 컸기 때문이에요.

아……. 꿈이 너무 야무졌나봅니다.

쉽게만 생각했던 신혼생활은 시작부터 결코 만만치 않았습니다.

혼자일 땐 몰랐던 '역할' 정하기와 해야 할 '의무'들, 사사로이 생겨나는 '신경 쓸 일들'. 이 모든 것들의 압박으로 얼마 지나지 않아 멘탈이 무너지기 일보 직전이었답니다.

그 중에서도 가장 큰 고난은 집안일이었어요.

꽤 오랜 시간 자취를 했던 저와 남편은 이 부분만큼은 자신 있었는데 말입니다. 손이 1인분 더해졌으니 그만큼 수월해질 거라 믿었던 집안일은 절대 그렇지가 않았지요.

신혼을 보내본 분들은 공감하실 거예요. 살림 고수의 내공은 아무나 흉내 낼 수 있는 일이 아니라는 것을요.

무엇부터 어떤 순서로 해야 할지 자꾸 꼬이고, 잘하고 싶은 마음만 앞서 능률이라고는 찾아볼 수 없는 스킬을 선보이며 하루하루 좌충우돌 미션을 수행하는 기분이었죠.

맛있는 요리로 남편을 포동포동 살찌우고 싶었지만, 웬걸요. 새로운 생활에 적응하느라 둘 다 바짝 말라갔어요.

이대로 집안일에 백기를 들 순 없었죠. 핑크빛 신혼은 내 스스로 만들겠다! 결심했어요.

먼저 머릿속 그림대로 뭐든 잘하려는 마음부터 버리기로 했습니다. 욕심을 내려놓고 즐길 수 있는 것부터 하기로 했어요. 결혼 전부터 요리하는 걸 좋아했던 터라 1주일에 3번 이상은 맛난 밥상을 차리기로 했습니다. 꼭 진수성찬이 아니어도 괜찮잖아요? 소박하고 간편한 날도 있고, 팔 걷어붙이고 맛집 인기 메뉴로 거하게 차리기도 하고요. 술 한잔 곁들여 분위기 낼 안주를 만들기도 하고 말이에요.

이 책은 그렇게 조금씩 신혼의 맛을 알아가던 날들의 기록이에요.

아직도 실수투성이 초보주부이지만 언젠가 요리, 청소, 빨래, 3단 콤보 멀티플레이의 고수가 되는 그날을 기대해봅니다.

우리, 과연 결혼이 무엇인지, 어떻게 하면 우리 인생에 즐거운 추억으로 이 시간을 남길 수 있을지, 함께 이야기 나누어보아요.

너무 잘하려고 하지 말고, 스트레스 받지 말고, 괜한 피해의식 접어두고, 행복하자고요!

2017. 봄이 온다는 소식과 함께.

반갑습니다. 정유선입니다.

새댁~ 요리 어떻게 시작할까요?

초보주부의 요리 준비

신혼이니까 달달하게!

애피타이저와 브런치

결혼 즉시 깨달은 삼시 세끼 해결의 시급함!

야심찬 매일밥상

우리의 긴긴 밤을 위하여!

술안주와 야식

친정엄마와 선배들에게 비법을 전수 받은

손님 초대음식

시시콜콜 수다 떨고 영화도 보면서!

간식과 디저트

새댁~ 요리 어떻게 시작할까요?

초보주부의 요리 준비

새댁요리 십계명

1 남편을 공략하라

남편은 나의 맛평가단 1호이자 응원단 1호. 내가 만든 요리에 대해 가장 솔직한 평가를 할 수 있는 사람이므로 남편이 맛있게 먹는지 관찰하며 요리를 연습하세요. 요리 실력이 저절로 업그레이드 돼요.

2 계절요리를 이용하라

메뉴를 정하기 어려울 땐 계절요리를 만들어요. 여름엔 시원하게, 겨울엔 뜨끈하게! 계절마다 몸이 원하는 음식이 있지요. 제철 재료를 활용해 요리하면 신선하고 영양가 높은 요리가 절로 되니 센스 만점 새댁이 될 수 있어요.

3 실험정신을 십분 발휘하라

엄마의 요리나 기존의 요리책에서는 볼 수 없었던 재료들을 사용해보고 싶을 때가 있습니다. 남편이 좋아하는 재료여서 이기도 하고, 흔한 메뉴 대신 뭔가 새로운 것을 보여주고 싶다는 넘치는 의욕으로! 실험정신을 마음껏 발휘해보세요. 괜찮습니다. 나는 초보주부니까요.

4 냉장고 속 식재료를 암기하라

메뉴를 정하고 냉장고를 열었는데 생각했던 재료가 없다면 갑자기 의욕이 확 떨어지지요. 중요한 양념 한 가지가 없어 맛을 낼 수 없다거나 반 덩어리쯤 있는 줄 알았던 채소나 고기가 없을 때. 냉장실과 냉동실에 있는 재료, 부엌 장에 있는 양념은 기본적으로 외워두세요.

5 인스턴트를 응용하라

초보 주부는 같은 분량의 집안일도 고수에 비해 늘 바쁘고 부산하게 움직여야 미션을 완성할 수 있어요. 이런 새댁에게 인스턴트식품은 구세주와도 같아요. 필요할 땐

부끄러워 말고 도움을 받으세요. 3분카레에 구운 마늘과 달걀프라이를 더하면 반은 내가 만든 요리니까요.

6 제발 남기지 않을 만큼만 만들자

남은 음식을 처치하고 다시 또 새것을 만들어야 할 때 요리하기 정말 싫어요. 이런 일이 반복되면 냉장고를 열기조차 싫어지지요. 음식물쓰레기를 만드는 것은 환경에도 도움이 되지 않고요. 그러니 두 사람의 양에 맞춰 먹을 만큼만 만들어 맛있게 먹어요.

7 부모님이 보내는 도움의 손길을 사양하지 말라

엄마나 시어머니가 밑반찬이나 국을 끓여 보내주신다고 하면 '아니, 괜찮아요~'하지 말고 무조건 '감사합니다!'하세요. 김치는 물론이고 엄마들의 반찬은 초보자의 식탁을 풍요롭게 만든답니다. 낯선 음식에 살짝 지친 남편의 입맛도 가끔 달래주고요(인정하기 싫지만).

8 남편과 함께 하라

남편과 집안일을 함께하는 건 매우 중요해요. 서툰 살림을 빨리, 잘 처리하는 데 큰 도움이 되지요. 또 한 가지 중요한 점! 남편과 집안일을 함께하면 '결혼을 해보니 나 혼자만 왜 이리 힘든 거지?'라는 불만이 생기지 않으니 사이좋게 즐거운 신혼을 즐길 수 있다는 것!

9 TV의 요리 프로그램을 보라

요리 잘하는 사람들을 보면 타고난 감각도 있지만 다른 사람이 한 요리에서 노하우를 습득하고 자기 것으로 응용하는 능력이 뛰어나더라고요. 처음부터 기본기를 장착할 수 없으니 자꾸 다양한 요리를 보고 만들어보면서 내 것으로 재탄생시키는 것도 필요한 과정입니다.

★신혼, 파이팅★

10 즐기는 경지에 이를 것!

무엇보다 중요한 건 '즐기라!'는 거예요. 매일매일 살림에 눈코 뜰 새 없이 바쁜데 어떻게 즐기느냐고요? 그건 마음에 달려있겠죠? 누군가와 함께 가정을 꾸려 새로운 삶을 산다는 것. 이 자체를 즐기며 내 안의 모험심과 열정을 불러내보세요.

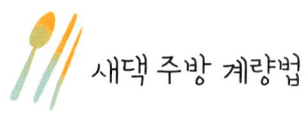

자취생활을 10년 가까이 했는데도 결혼 후 신랑과 저, 2인분의 요리를 하는 것은 결코 쉽지 않았어요. 1인분에서 2인분으로 늘어났을 뿐인데 그 차이가 너무 크게 느껴지는 거예요.

된장찌개를 끓였다가 양이 적어 아쉽게 식사를 마쳤던 적도 있고, 카레를 만들다가 양이 늘어나 3일 동안 먹은 적도 있답니다. 간을 할 때도 국물 양이 늘어나니 양념 분량을 다시 조절해야 했지요.

아직 요리와 친해지지 않은 분들은 재료를 준비할 때부터 어렵게 느껴지고 시간도 많이 걸릴 거예요. ○○g, ○○ml 등의 분량이 적혀 있는 레시피를 보면 현기증이 난다는 사람도 있으니까요. 베이킹을 할 것이 아니라면 좀 더 쉽고 편하게 요리를 시작해보세요.

계량도구를 굳이 쓰지 않아도 손에 익고 편한 방법들이 있더라고요.

기억하기 편하고 레시피를 내 것으로 만들어주는 몇 큰술, 몇 줌, 몇 컵의 계량법을 잠시 소개할게요.

숟가락으로 계량하기

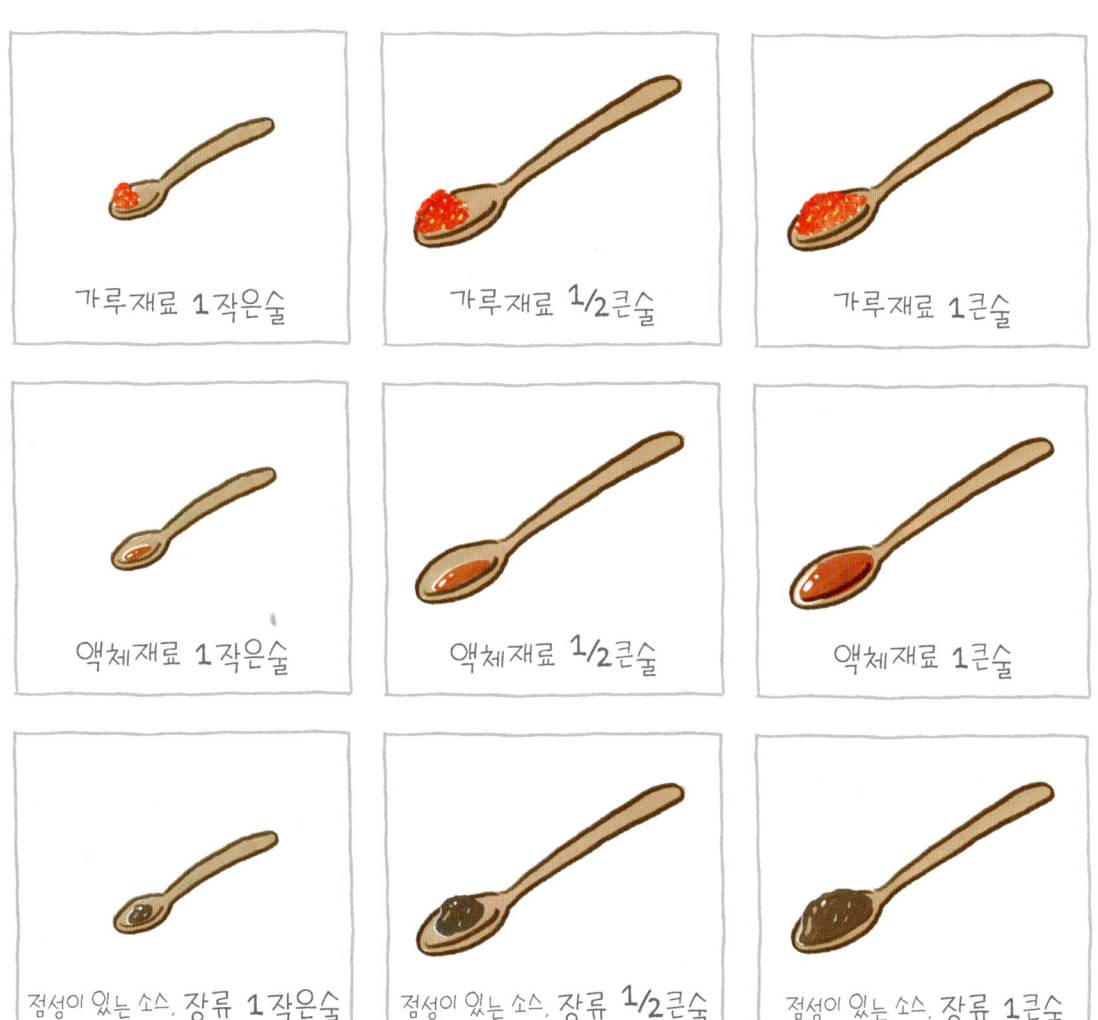

가루재료 1작은술

가루재료 1/2큰술

가루재료 1큰술

액체재료 1작은술

액체재료 1/2큰술

액체재료 1큰술

점성이 있는 소스, 장류 1작은술

점성이 있는 소스, 장류 1/2큰술

점성이 있는 소스, 장류 1큰술

어른용 밥숟가락과 티스푼을 이용해요. 티스푼 대신 아이스크림 가게에서 작은 컵을 테이크아웃 할 때 꽂아주는 플라스틱스푼을 이용할 때도 있어요. 밥숟가락이 '큰술', 티스푼이 '작은술'이에요.

종이컵으로 계량하기

가루재료 1/2컵
(밀가루 70g)

가루재료 1컵
(밀가루 140g)

액체재료 1/2컵
(물 95ml)

액체재료 1컵
(물 190ml)

계량컵 대신 일반 종이컵을 사용해요. 종이컵에 물을 채워 담으니 190ml
가 됩니다.
액체류뿐 아니라 밀가루 같은 가루류, 곡물, 다진 고기 등도 종이컵으로
계량하면 아주 편리합니다.

손으로 계량하기

콩나물 한줌

잎채소류 한줌

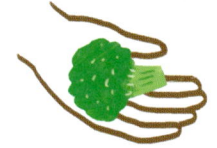

브로콜리 한줌

곡물류 한줌

양상추, 양배추 한줌

고기 한줌

때로는 손도 요긴한 계량도구가 되지요. 보통 '한줌'이라고 표현하는 것의
양은 어느 정도인지 그림으로 그려보았어요.
채소류는 엄지와 중지가 닿을 듯 말 듯한 정도로 가볍게 움켜쥐었을 때 집
는 양을 한줌으로 하고요.
그렇게 쥘 수 없는 재료들은 손을 자연스럽게 폈을 때 손바닥 크기 정도를
한줌으로 했어요. 양배추나 양상추처럼 납작하고 큰 재료들은 조금 더 크
게 잡았어요.

 요리에 자주 등장하는 재료와 도구

요리를 하다보면 자주 사용하게 되는 식재료와 조리도구, 주방용품들이 따로 있어요. 아무리 매일매일 메뉴를 바꿔가며 상을 차리려고 결심해도 그게 쉬운 일은 아니잖아요. 입맛에 따라 즐겨 먹는 요리가 있고, 또 같은 요리도 개개인이 선호하는 양념이나 조리법이 있을 테니까요. 식재료의 경우, 자취와 신혼생활을 통해 깨달은 바가 있어요. 오래 보관할 수 없는 재료들은 필요할 때마다 구입하자. 너무 당연한 것 같지만 마트나 시장에 가면 재료가 좋아 양껏 사게 되고 그러다 보면 남아서 못쓰게 되는 경우가 많아요. 너무 아깝고요. 냉동보관이 가능한 재료는 미리 다듬어 조금씩 나누어 담아 보관하면 정말 편하지요. 요리 고수들만 이렇게 하는 것 같지만, 사실 초보 주부나 요리 시간을 최소화해야 하는 바쁜 이들에게 꼭 필요한 살림 팁이랍니다.

매일 요리에 사용하는 양념과 식재료

설탕　소금　후추　고추장　된장

고춧가루　식초　깨　케첩　마요네즈

대파

쌀　밀가루　마늘　식용유　버터

달걀　우유　들기름　매실청　간장

없어서는 안 될 나의 도구들

칼

도마

냄비

찜기

프라이팬

뒤집개

국자

체

볼

주걱

요리하는 순간을 편리하게 만드는 주방용품들

손거품기

집게

보관용기

종이포일

쿠킹포일

레몬스퀴저

일회용
장갑

종이컵

냄비받침

키친타월

행주

지퍼백

신혼이니까 달달하게!

애피타이저와
브런치

🍋 장보러 가자!

누구나 **꿈**꾸는 달달한 **신혼**생활

저는 주로 혼자 장을 봅니다. 그때그때 먹을 만큼만 구입하고 2~3주에 한 번만 대형 마트에 가지요. 헌데 한 번은, 남편이 연희동에 있는 사○가 마트에 사고 싶은 게 있다는 거예요. 오호! 모처럼 오붓하게 장을 보는 건가! 기대하며 자전거를 타고 나섰죠.
영화 속 한 장면처럼 나란히 자전거를 타고 룰루루~

하지만 **현실**은 **결코** 만만치 않다!

하하! 하지만 현실은,
남편은 저만치 차도로 쌩쌩 달려가고,
차가 오면 무서워 주춤하는 저는……
뭐야! 이게 무슨 데이트야!

마트에 도착했으나 장은 보기도 전에 이미 지친 상태.
나를 버리고 가다니!!!
씩씩~ 칭얼칭얼~
달달한 무드는 어느 집 이야기랍니까?!

울지마! 뚝!

고생했으니까 장보고 맛있는 거 먹자!

한참 전에 도착해 이미 원하는 것들을
장바구니에 다 담은 남편,
저를 보고 씩~ 웃으며 한 마디 합니다.
"맛있는 거 먹으러 가자. 내가 쏠게!"
······
'그···그래? 쏜다는 말이지? 맛있는 걸?'
제 자신이 야속한 건 화가 풀어지더라는 겁니다.

맛난 거~ 맛난 거~

기분 좋아짐

내가 좋아하는 메뉴로 고를거야!

어쨌든 무사히 장보기 완료.
밥하기 1회 통과!
공짜로 맛난 밥 먹기 성공!
오늘 찾은 동네 맛집은
정겨운 일본가정식이 있는 곳이었어요.

봉지수프는 그만! 이렇게 쉬운데 직접 끓여요

양송이수프

회사에서 늘 컵 수프로만 먹던 양송이수프를
집에서 직접 만들어보았어요. 정성껏 만든
맛있는 수프를 한입 떠 넣었을 때 온몸이
힐링되는 그 기분! 요리하는 보람은
바로 이런 데 있는 것 아니겠어요?

1 양파는 껍질을 벗기고 양송이
버섯과 함께 깨끗하게 씻어
잘게 다져요. 다진 양파와
양송이버섯은 식용유를 두른
팬에 볶아요.

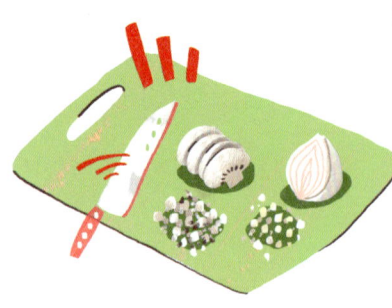

2 수프를 만들 때 필요한 '루'를 만들 거예요.
우선 버터와 밀가루를 냄비에 넣고 섞어가며 끓여요.

서양요리에서 소스나 수프를 걸쭉하게
만들기 위해 버터에 밀가루를 볶은 것을
'**루**'라고 해요. 마치 중국요리에서
전분 물을 넣는 것과 비슷한 거예요.
밀가루와 버터의 비율은 무게를
기준으로 1:1 또는 2:1인데, 버터의
비율이 높을 때 좀 더 만들기 편해요.

Ready

양송이버섯 2개   양파 1/2개   밀가루 1/2컵   우유 4컵
버터 작은 덩어리 1/2개   소금 1작은술   후춧가루 조금
식용유 적당량

4 보글보글 끓으면 미리 볶아놓은
양파와 양송이버섯을 넣어주세요.

3 2에 우유 4컵을 넣어요.

5 잘 섞어 맛있는 수프를
완성해요.

식빵 가장자리 갈색 부분을
잘라 마른 팬에 구운 크루통은
양송이수프와 환상의 짝꿍이
에요.

이렇게 활용하면 편해요!

저는 양송이수프를 넉넉히 끓여 한 번
먹을 분량씩 봉지에 넣어 밀봉한 다음
냉동실에 얼려두고 먹기도 해요. 아침에
한 봉지씩 꺼내 녹여서 끓여 먹으면
간편하게 식사를 해결할 수 있거든요.
수프에 우유와 달걀, 파스타면 등을
넣어 든든하게 먹어도 좋아요.

집에서 만들어야 진짜 맛있어요!

리코타치즈

리코타치즈는 샐러드에 곁들이거나 빵에 발라 먹으면 정말 맛있어요.

집에서 쉽게 만들 수 있기 때문에 저는 꼭 홈메이드 리코타치즈를 고수하고 있어요.

전문가가 만든 것도 물론 맛있지만, 집에서 직접 만든

신선한 리코타치즈만의 고소함과 신선함이 보장되니까요.

Ready

생크림 500ml

우유 1000ml

레몬 1개

식초 2큰술

소금 1큰술

면보자기

1 냄비에 생크림과 우유를 넣고 센불에서 5~7분 정도 끓여요.

2 약한 불로 줄인 다음 레몬 1개를 짜서 즙을 넣고 식초와 소금도 함께 넣어 휘휘 저어요.

3 이대로 약한 불에서 1시간 30분 동안 끓인 다음 상온에서 살짝 식혀요.

4 면보자기에 식힌 치즈를 따라 거르고 1시간 정도 그대로 두어 물기를 자연스럽게 빼주세요.

물기가 빠진 정도에 따라 딱딱하거나 부드럽게 질감을 조절할 수 있어요. 부드러운 걸 좋아한다면 물기를 살짝 남기는 것이 좋습니다.

→ 무거운 것
→ 면보
→ 채반
→ 볼

5 면보자기로 치즈를 감싸 쭉 짜서 물기를 빼고 이 상태로 꽁꽁 묶어주세요.

6 위에 무거운 것을 올려 냉장고에 반나절 정도 보관해둡니다.

이때 볼 – 채반 – 면보자기에 싼 치즈 – 무거운 것 순서로 올리면 돼요. 마땅한 것이 없을 땐 보관용기에 물을 가득 담아 눌러놓아도 좋아요.

7 냉장고에서 꺼내 면보자기를 풀면 완성!

직접 만든 리코타치즈에 샐러드용 채소와 견과류를 조금 넣고 오리엔탈드레싱을 곁들이면 훌륭한 샐러드가 완성됩니다!

방부제를 넣지 않기 때문에 한 번 만들어 7~10일 이내에 다 먹는 것이 좋습니다. 냉장보관은 필수!

오사카 토마토샐러드

50%의 오사카의 맛,
그리고 50%의 제 손맛.
남편도 좋아하니 두고두고 자주
해 먹는 단골 메뉴가 될 것 같네요.

1 토마토에 십자로 칼집을 살짝
내고 끓는 물에 넣어 약 2분 동안
익혀주세요.

칼집을 내고 살짝 익히면
토마토 껍질이 잘 벗겨져요.

올여름 휴가는 오사카로 다녀왔어요. 남편이 출장 간 사이 친구들과 잠깐 다녀왔지요.

먹방을 찍기로 결심하고 맛집을 찾아 다니던 중, **오사카에서 100년 전통**으로 불리는
유명 햄버그스테이크를 먹으러 들렀습니다. 아니 그런데, 이렇게 맛있는 샐러드가!
제 입맛을 사로잡은 것은 다름 아닌 **토마토샐러드**였어요. 애피타이저로 나온
시원한 샐러드 한 접시가 메인 요리보다 더 제 마음을 끌었답니다.

남편에게도 맛보이고 싶어 집에 돌아오자마자 만들어보았어요.

토마토 2개

통조림참치 1캔

양파 1/4개

마요네즈 3큰술

Ready

설탕 2작은술
식초 1작은술
후춧가루 조금

드레싱

마요네즈 2큰술
토마토케첩 4큰술
설탕 1작은술

2 건져내어 살짝 식힌 다음 껍질을
벗기고 그대로 냉장고에 넣어요.
아주 차갑게 식을 때까지 넣어두
세요.

이 요리는 토마토가 차가울수록 맛있습
니다. 미지근한 토마토로 만들어 먹어보
았는데 맛이 무겁게 느껴지면서 뭔가 부
족하더라고요.

3 작은 볼에 드레싱 재료를
모두 넣고 섞어두세요.

4 양파 1/4개는 잘게 다져 볼에 넣
고 참치, 마요네즈, 설탕, 식초와
함께 골고루 섞어요.

5 4에서 준비한 재료를 접시 맨 아래
에 깔고 익힌 토마토를 올린 다음
맨 위에 드레싱을 뿌려요. 마지막
에 후춧가루를 살짝 뿌려줍니다.

건강한 재료와 친해지기!

아보카도샐러드

아보카도를 '숲 속의 버터'라고 해요.

고소하고 담백한 맛이 정말 그럴듯하죠.

다른 재료에 부드럽게 어우러지는 맛이

이 녀석의 매력이에요.

비타민과 미네랄이 풍부한 아보카도

로 가볍게 샐러드를 만들어볼게요.

Ready

아보카도 1개

오렌지 1개

샐러드채소 적당량

방울토마토 조금

닭가슴살 1~2조각

올리브오일 적당량
오리엔탈드레싱
(마트에서 구입했어요)

1 아보카도를 손질해요. 아보카도는
세로 방향으로 칼집을 넣고 살짝
비틀어 반으로 갈라요.
가운데에 있는 큼직한 씨를
숟가락으로 떠서 제거한 다음
껍질을 벗기고 살만 발라 얇게
썰면 아보카도 준비 완료!
닭가슴살은 소금과 후춧가루를
뿌려두세요.

2 오렌지는 껍질을 벗기고
반달모양의 낱개로 떼요.
너무 두툼한 것은 모양을
살려 반으로 갈라요. 방울
토마토는 반으로 갈라 준
비하세요.

3 밑간 한 닭가슴살을 한입 크기로 잘라 올리브오일을 두른 팬에 구워요.

4 샐러드채소는 먹기 좋게 찢어요.

5 그릇에 채소와 아보카도,
오렌지, 방울토마토, 닭가슴살을
어우러지게 담고 드레싱을 뿌려
완성하세요.

저는 시중에 판매하는 오리엔탈드레싱을
이용했어요. 상큼한 유자드레싱도 잘 어울
려요. 입맛에 맞는 드레싱을 직접 만들어
써도 좋겠지요?

아기 입맛 남편이 반한 맛

게살샐러드

이보다 더 쉬운 샐러드는 없을 거예요.

재료 몇 가지를 준비해 드레싱으로 버무리면 끝.

아! 드레싱을 직접 만든 거니까 건강식 홈메이드 샐러드라고 자랑해도 돼요.

아기 입맛인 남편도 엄청 좋아한답니다.

좋아하는 채소를 추가해도 좋아요.

Ready

드레싱

마요네즈 3큰술

설탕 1큰술

레몬즙 조금

후춧가루 조금

파르메산치즈가루 조금

양상추 적당량

브로콜리 1줌

소금 1큰술

게살 1줌

2 브로콜리는 소금 1큰술을 넣고 1분 정도 살짝 데쳐 찬물에 헹궈 물기를 제거해요.

1 브로콜리와 양상추는 깨끗하게 씻어 한입 크기로 썰어요.

3 게살은 한입 크기로 찢어요.

4 작은 볼에 드레싱 재료를 넣고 골고루 섞어놓아요.

5 샐러드 그릇에 양상추, 브로콜리, 게살, 드레싱 순으로 올린 다음 치즈가루를 뿌려 마무리하세요.

 전쟁이다! 음식물쓰레기 누가 버릴래?

부엌일, 아니 온갖 집안일 중에서 가장 번거롭고 하기 싫은 일 TOP3에
드는 것이 아마도 음식물쓰레기 처리라고 생각합니다.
저만 그런 것 아니죠? 다들 그렇게 생각하시는 거죠?

자세히 보려고
얼굴을 가져다 댔어

이게 뭐지...

갑자기, 지금까지 살면서 맡아본 적 없는
강력한 냄새가 나면서 머리가 핑글 돌았어

핑글~

어라

이틀 동안 계속 그 냄새가
코 안에 맴돌아서, 밤낮
으로 끙끙 앓았어

으으

정신차리고나서
며칠 뒤에 보니
그건 썩은 콩나물이었고

그리고, 음식물쓰레기를
무서워하게 되었지.

아련
아련

....라고 합니다.

음...
그런 일이
있었군

흐음-

남편의 사연을 듣고 '음쓰'로부터
남편을 보호해줘야겠다고 다짐했습니다.

걱정 NONO!
앞으로
음식물쓰레기는
내게맡겨

정말?!

나만 믿어!

새댁 크러쉬

앗
삐끗

음쓰다!!

으악

안

어절~

나

괘,괜찮아

미안
ㅠㅠ

← 음식물자국

... 지켜주는 건
다음부터 해주기로 (시무룩)

물이 질질 흐르고 냄새가 고약한 음식물쓰레기들. 또 음식물쓰레기인 듯~ 일반쓰레기로 분류되는 닭뼈나 달걀껍질 등도 여간 번거롭지 않아요. 식구가 단 둘인 신혼부부나 혼자 사는 자취생에게 쓰레기봉투는 제일 작은 것을 사용하라고 적극 권하고 싶습니다.

자, 정말 괴로운 음식물쓰레기, 최대한 깔끔하게 처리하는 초보 주부의 노하우를 한번 들어보실래요? 비교적 비위도 강하고 용감한 제가 남편과 싸워가며 터득한 몇 가지입니다.

1. 싱크대거름망 속 음식찌꺼기 처리하기

싱크대 거름망을 봉지나 음식물쓰레기통에 톡톡! 쳐서 버릴 때 끝까지 안 나오고 붙어 있는 징글징글한 음식물찌꺼기들이 있습니다.
손으로 꺼내기엔 꺼림직하고… 이럴 땐 거름망을 비스듬히 숙이고 거름망 뒤쪽에서 물을 쏘아 찌꺼기들을 한쪽으로 모아요. 그런 다음 물기가 빠질 때까지 기다렸다가 기울여서 다시 톡톡! 쳐주면 깔끔하게 처리할 수 있답니다.

2. 거름망 뒷처리

거름망에 지저분하게 남아 있는 잔해는 칫솔로 닦아주세요.
안 쓰는 칫솔 하나를 준비해 거름망을 엎어놓고 겉을 살살 잘 닦아주는 거예요. 거름망에서 떨어져 나와 싱크대에 남은 찌꺼기는 휴지로 쏙 집어 휴지통에 버리면 끝! 거름망을 닦을 때 베이킹소다나 식초를 묻혀 닦으면 더욱 완벽!

3 방심했다가 된통 당했던 음식물쓰레기 WORST 5!

후각도 둔한 편이고 비위도 강한 저마저 넉 다운 시킨 다섯 악마들을 소개할게요. 닭다리살, 버섯, 콩나물, 파, 기름때! 바로 요 녀석들입니다. 주의하세요. 절대 게으름 피우지 말고 바로바로 청소해야 할 것들입니다.

만족스러운 깔끔 주방을 만드는 그날까지, 새댁과 음식물쓰레기의 전쟁은 계속됩니다.
오늘도 남편과 싸우고 있을 수많은 주부님들! 끝까지 영역 분담 사수하시고요.

새우 까수엘라 Cazuela

Ready

작은 새우 15~20개

마늘 15쪽

페페론치노 5개

파슬리가루 1작은술

소금 2작은술

후춧가루 조금

올리브유 2컵

'**감바스 알 아히요**Gambas al ajillo'라는 이름으로도 잘 알려져 있는 **스페인 요리**예요.

간단하게 만들 수 있어 요즘 나 홀로 요리족이나 신혼부부에게 인기가 많아요.

저는 이 요리를 아주버님으로부터 배웠답니다.

집들이 요리를 고민 고민하고 있을 때 남편의 형님인 아주버님이 짠~

하고 순식간에 만들어 내놓으시며 레시피를 알려주셨어요.

아주버님, 감사합니다~

36

1 새우는 흐르는 물에 깨끗하게 씻어 키친타월 위에 올려 물기를 제거하고
소금과 후춧가루로 간을 한 뒤 살짝 데쳐주세요.
새우 살에 핑크빛이 돌면 건져서 물기를 빼요.

저는 냉동새우를 사용했어요. 냉동새우의 경우
실온에 두거나 흐르는 물로 씻어 해동한 다음
물기를 제거하고 사용하세요. 익히면 크기가
줄기 때문에 너무 작은 칵테일새우보다는
좀 더 큰 것을 선택하세요.

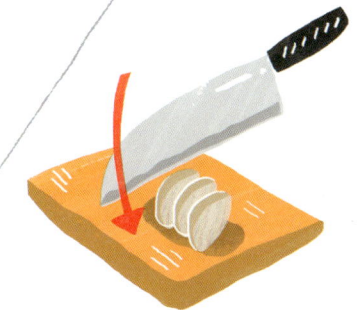

2 마늘은 편으로 썰고, 페페론치노는 다져요.

3 냄비에 올리브유 2컵을 붓고
불에 올려요.

4 열이 살짝 올라오면 편으로 썬 마늘
과 다진 페페론치노를 넣어요.

5 마늘이 노릇노릇하게
익으면 손질한 새우를
넣어요.

6 새우가 고운 색을 띠며 다 익으면
파슬리가루를 넣고 잠깐만
두었다가 불에서 내려요.

7 새우와 마늘, 페페론치노, 올리브오일 국물을 골고루 담아요.

담백한 바게트나 치아바타 등
빵을 곁들이면 더욱 꿀맛이에요!
새우는 건져 먹고 올리브오일
국물에 빵을 찍어 먹으면 그 맛이
끝내줍니다.

한껏 멋 부린 애피타이저

연어오이롤

Ready

훈제연어 1팩
오이 1개
파프리카 1/2개
무순 조금
레몬 1/2개

연어

1 필러를 이용해 오이를 얇게 슬라이스하며 길게 잘라요.

껍질을 벗기듯이 위에서 아래로 훑어내리면 돼요.

2 훈제연어를 준비해 얇게 저며 썰어요.

레몬즙을 중간 중간 뿌려주면 연어의 냄새를 없앨 수 있어요.

3 작은 볼에 소스 재료를 넣고 골고루 섞어놓아요.

4 얇게 썬 오이 1장을 펼치고 그 위에 연어를 올려 돌돌 말아요. 준비한 양만큼 같은 방법으로 롤을 만들어요. 소스는 따로 그릇에 담아내면 좋아요.

5 연어오이롤과 함께 먹고 싶은 채소를 곁들여요.

저는 파프리카와 무순을 주로 사용해요. 양파와 함께해도 맛있답니다!

마요네즈에 다진 양파를 넣은 소스가 결정적인 포인트예요. 상큼하면서도 감칠맛 나는 요리로 만들어주는 소스랍니다. 아삭한 오이를 곁들여 애피타이저로 내기 아주 좋아요.

소스

마요네즈 10큰술
다진 양파 1개 분량
설탕 2큰술
레몬즙 1~2큰술
후춧가루 1작은술
파슬리가루 조금

장염에 걸린 날도 무사히! 건강한 아침 메뉴

양배추닭가슴살롤

저처럼 툭하면 장염에 걸리는 약한 장 소유자들에게 특히 좋은 음식이지요.

저는 스트레스를 받았거나 날씨가 좋지 않을 때, 종종 장염에 걸려요.

그럴 때마다 무작정 굶을 수는 없고, 속을 달래야 할 때 제가 애용하는 메뉴를 소개합니다.

뭉근한 맛이 속을 편안하게 만들어주는 양배추를 이용해요.

Ready

양배추 잎 2~3장
닭가슴살 2~3쪽
당근 1/2개
무순 1줌
소금 조금
후춧가루 조금

2 닭가슴살은 끓는 물에 넣어 삶은 다음 결을 살려 길쭉한 모양으로 한입에 먹기 좋게 잘라요.

훈제 닭가슴살을 이용할 때는 삶을 필요 없이 바로 찢어 준비해요.

1 냄비에 물을 붓고 찜기를 올려 가열해요. 찜기에 김이 오르면 잘 씻은 양배추 잎을 넣고 뚜껑을 닫아 삶아요.

양배추 잎이 투명하게 비치면 익은 거예요. 살짝 아삭하게 먹어도 좋고, 푹 찐 것을 좋아하면 좀 더 익혀요.

3 닭가슴살에 소금과 후춧가루를 조금 뿌려 밑간 하고 구워요. 당근은 채 썰어요.

달군 팬에 올리브유를 살짝 떨어뜨리고 키친타월로 닦아내듯이 기름을 발라주세요.

4 찐 양배추 잎 1장을 펼친 다음 닭가슴살과 무순, 당근을 얹어 김밥 말듯이 돌돌 말아 롤을 만들어요.

닭가슴살 대신 두부를 넣어 더욱 간편하고 부드럽게 먹을 수도 있어요.
찐 양배추 잎에 두부를 올리고 된장을 양념으로 살짝 발라 돌돌 말아주면 끝!

눈 깜짝할 사이 차려내는 아침밥 한 그릇!

오차즈케

오차즈케お茶漬け는 찻잎을 우린 물을 밥에 부어 먹는 간단한 일본 음식으로,

제가 제일 좋아하는 메뉴랍니다!

후리가케와 김가루, 가쓰오부시, 우메보시(매실절임) 등을

기호에 따라 올려 먹지요.

Ready

녹찻잎 1작은술(혹은 티백 1개)
녹차 우릴 물
밥 1공기
후리가케 1봉지
가쓰오부시 1줌
김가루 조금

1 뜨거운 물에 녹찻잎 또는 티백을 넣어
1~2분 우려주세요.

물이 부족하지 않도록 1대접 정도
부어 우린 다음 밥이 살짝 잠길
정도까지 부어 내면 적당해요.

2 밥 위에 후리가케, 가쓰오부시,
김가루를 올린 다음 녹차를 부어요.

남편은 녹차를
별로 좋아하지 않아서 대신
보리차나 옥수수차를 부어줬어요.
맛있다며 바닥까지
싹싹 긁었답니다.

3 오차즈케에 젓갈이나 장아찌를
곁들여 내세요.

오징어젓갈이나 장아찌 등을 곁들이면
간도 잘 맞고 꿀맛이에요.

아이스크림 같은 애피타이저

연두부샐러드

저는 다이어트를 할 때 연두부를 애용합니다.

결혼하면 **'유부녀살'**이라 하여 뱃살이 찐다더니 정말 그렇더군요.

친정엄마까지 살 쪘다고 구박을 하실 정도였어요. 안되겠다!

그래서 요즘 연두부 세 팩쯤은 냉장고에 늘 보관하고 있어요.

Ready

샐러드채소 1/2줌

연두부 1개

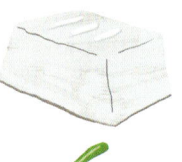

물 3큰술 x3

간장 1작은술

식초 1/2작은술

설탕 1/2작은술

올리브유 1/2작은술

통깨 1작은술

1 샐러드채소는 씻어서 물기를 빼요.
통깨는 으깨서 준비해요.

2 작은 볼에 물, 간장, 식초, 설탕, 올리브유, 통깨를 넣고
잘 섞어 드레싱을 만들어요.

3 연두부를 그릇에 담고 샐러드채소를 올린 다음
드레싱을 뿌려 완성해요.

시중에 판매하는 드레싱을 사용해도 돼요.
오리엔탈드레싱이 잘 어울릴 거예요.

살림 초보의 소품 욕심

원래 뭐든 새로운 세계에 발을 들여 놓는 초보자가 무서운 법!
자취로 살림이 처음은 아니지만 결혼을 하고 제대로 살림에 입문하겠다~
결심한 저에게 신세계가 있었으니, 바로 온갖 생활소품들이었습니다.
자취할 때는 집에서 가지고 나온 물건과 동네 슈퍼에서 대충 산 생활필수
품이면 족했었는데, '신혼'이라는 이름표를 달고 뭔가 해봐야겠다 싶으니
이게 그렇지가 않더라고요.
기발한 용도의 물건들, 근사한 디자인의 소품들이 눈에 막 들어오기 시작!
아니, 세상엔 어쩌면 이렇게 멋지고 세련된 아이템이 많은 걸까요!!!
요리나 청소, 심지어 빨래를 할 때에도 하나 둘씩 필요한 것들이 새로 생
기고 있어요. 그럴 때마다 자꾸 온오프라인 숍으로 눈을 돌리게 되고요.
그래도 처음에 뭣 모르고 사들였다가 막상 실용적이지 않아 몇 번 크게 후
회한 후로는 가격과 쓸모를 잘 따져보고 있어요. 여러 곳의 온라인 몰에
들어가 비교도 하고요.

구입하는 것 중 가장 큰 비중을 차지하는 것은 역시 주방용품입니다.
아기자기한 소품 숍에 들러 구경하는 것도 큰 즐거움이 되었어요.
얼마 전에는 남편과 함께 '홈테이블데코 페어'에 다녀왔네요. 가구, 욕실,
주방, 거실 용품들이 한 자리에 모여 있으니 그야말로 동공 확장! 심장이
두근두근! 구매의욕이 폭발할 지경이었지요. 최근 몇 년 새 가장 충만한
쇼핑의욕을 보였다고 할까요.
요즘은 SNS 인증 이벤트에 참여하면 선물도 주고, 페어 마지막 날 구입하
면 정상 판매가의 50% 가격에 득템하는 행운도 꿰찰 수 있어요.

아~ 살림도, 집 꾸미기도 야무지게 잘하는 날이 오긴 올까요?
한창 소품 욕심을 냈던 만큼 이 물건들로 살림꾼 소리 들을 수 있도록 열

심히 노력해봐야겠어요. 언젠가는 저와 남편 손으로 만든 소품들로 근사
한 인테리어를 연출하고 싶다는 야무진 꿈도 꾸고 있지요.
퇴근하고 집에 돌아가는 길이 더욱 더 행복해질 수 있도록
주부 정유선의 하루하루가 앞으로 쭉~ 부지런해질 예정입니다!

🪴 내 부엌의 소품들 🍵

코스터
(신주쿠
도큐핸즈)

샐러드 집게
→ 공예 트렌드 페어

스푼, 포크 세트
(도쿄 로프트)
키치죠지

레몬스퀴저
(오사카
내추럴 키친)

나무접시
(오사카 호리에
소풍숍)

냅킨
(프라하 소풍숍)

냅킨
(오사카 플라잉 타이거)

PRAIRIE
STANDARD

뚝딱 만들어 먹는 초간단 브런치

멸치주먹밥

삼각김밥 모양으로 만든 주먹밥이에요.

마땅히 점심을 챙기지 못하는 날이나 야근하는 날

즐겨 먹는 **삼각김밥**이 **집밥** 메뉴로 재탄생했지요.

늦잠 자고 일어난 토요일 아침 브런치로 그만이랍니다.

Ready

삼각김밥 틀

밥 2공기

김(조미 김) **1봉지**

잔멸치볶음 4큰술

통깨 1작은술

참기름 1작은술

1 큼직한 볼에 밥 2공기와 멸치볶음, 통깨, 참기름을 넣고 살살 섞어주세요.

밥이 뭉쳐 재료가 고루 섞이지
않을 수 있으니 밥주걱 등으로
살살 뒤적이며 섞어요.

2 삼각김밥 틀에 맞게 밥을 넣어요.

삼각김밥 틀이 없으면 손으로
밥을 뭉쳐 삼각형으로 다듬어
주세요.

3 틀에서 밥을 빼낸 다음 주먹밥
가운데에 김을 둘러주세요.

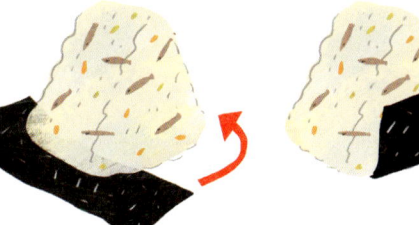

조미 김 1장을 꺼내 주먹밥
가로 길이의 반 정도가 되도록
가로로 잘라 붙여요.

4 그릇에 예쁘게 담아
내세요.

국물이 없으면 밥을 못 먹는다! 하는 신랑과 살고 있다면 주먹밥에 가장 잘 어울리는 일본식 된장국을 함께 내세요.
일본 된장인 '미소'를 옅게 풀어 끓여도 되고, 하루쯤은 즉석국도 괜찮아요.

추억이 방울방울~

방울토마토파스타

요리하는 순간들이,

함께 먹은 요리들이,

마주보고 앉았던 그날의 분위기가

모두 추억이 되겠지요.

우리에게.

Ready

(1인분 기준)

스파게티면 1인분
(손가락으로 집어
500원짜리 동전 지름만큼)

토마토소스 7큰술

방울토마토 4알

비엔나소시지 4개

양송이버섯 1개

마늘 3쪽

소금 1작은술

올리브오일 조금

1 소금 1작은술을 넣어 물을 끓여요. 물이 끓으면 면을 넣어 7~8분 동안 삶아요.

2 면은 체에 걸러 물기를 빼고 올리브오일을 살짝 발라두세요.

3 비엔나소시지는 단면을 살려 동글동글한 모양으로 썰어요.

4 마늘 3쪽과 양송이버섯 1개를 편으로 썰어요.

스파게티면을 끓인 물 1국자를 넣으면 좀 더 부드러워집니다.

6 5의 팬에 토마토소스 7큰술을 넣고 골고루 섞어주세요.

5 프라이팬에 올리브오일을 두르고 마늘, 양송이버섯, 소시지를 넣어 구워요.

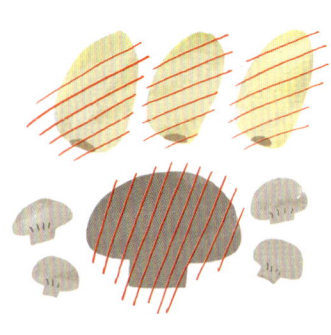

7 소스가 익는 동안 방울토마토를 살짝 데쳐 껍질을 벗겨요.

8 토마토소스에 데친 방울토마토를 넣어요.

토마토는 반 갈라 넣어도 되고 통째로 넣어도 좋아요.

9 8에 삶은 면을 넣고 소스에 골고루 버무려지도록 섞어가며 익혀 마무리하세요.

남은 밥 활용 레시피의 최강자

미니 밥 피자

Ready

밥 1/2공기

달걀 1개

양파 1/4개

중간 크기 새우 3마리

베이컨 1줄

방울토마토 조금

루콜라 1줌

토마토소스 적당량

피자치즈 1줌

1 채소와 토마토는 미리 깨끗하게 씻어 물기를 제거하고, 새우는 깨끗하게 씻어 살짝 데쳐요. 볼에 달걀을 풀고 밥을 넣어 섞어주세요.

밀가루

이때 밀가루를 조금 넣어도 좋아요. 반죽에 찰기가 생긴답니다.

2 팬에 올리브유를 두르고 달걀과 밥을 섞은 반죽을 얇게 펴서 구워주세요.

제일 약한 불에서 구워야 해요!

3 한쪽 면이 바삭하게 다 익으면 뒤집어서 반대쪽도 바삭하게 구워요. 구운 한쪽 면에 토마토 소스를 펴 발라요.

4 얇게 썬 양파와 베이컨, 데친 새우를 토핑으로 올려요.

5 피자치즈와 루콜라, 방울 토마토를 올리고 조금만 더 익혀 마무리합니다.

프라이팬과 밥 한 공기만 있으면

뚝딱 만들 수 있어요.

이건 제가 **자취할 때 계발한 요리**예요.

매일 먹는 밥도 라면도 지겨울 때 시도해봤죠.

루콜라가 없을 때는 샐러드용 잎채소들을 이용하면 됩니다.

참치샌드위치

참치샌드위치는 뭐니 뭐니 해도 집에서 만든 것이 제일 맛있는 것 같아요.

샌드위치 전문점 냄새가 나는 고급 재료들을 사용하지 않고 냉장고만 열면 있는 쉬운 재료를 이용해

정겨운 맛을 내보세요. **홈메이드 소스**도 정말 맛있답니다.

Ready

식빵 2장　달걀 1개　통조림참치 1캔　당근 1/4개　양파 1/4개

양상추 1장

마요네즈소스
마요네즈 1큰술　설탕 1큰술　식초 1작은술

1 통조림 뚜껑을 열고 기름을 따라 버려요.

2 당근과 양파는 껍질을 벗기고 잘게 다져 참치와 골고루 섞어놓아요.

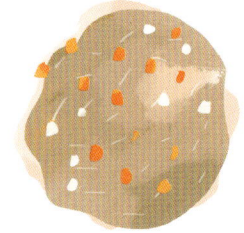

3 프라이팬 또는 토스터에 식빵 2장을 앞뒤로 바삭하게 구워주세요.

4 달걀프라이를 만들어요.

달걀을 풀어 흰자와 노른자를 섞은 상태에서 프라이해도 좋아요.

5 작은 볼에 마요네즈와 설탕, 식초를 넣고 골고루 섞어요. 식빵 1장의 한쪽 면에 마요네즈소스를 얇게 펴 바르고 양상추 – 참치 – 달걀 – 식빵 1장 순서로 올려요.

6 흐트러지지 않게 모양을 잡으면 먹을 준비 끝!

모닝롤로 만드는 한 끼 메뉴

미니 샌드위치

브런치로도 좋고 **바쁜 아침 출근길**에 손에 들고 먹기에도 좋아요.

가끔 저와 남편은 하나씩 뚝딱 만들어 손에 들고 나란히 우걱우걱 먹으며 출근할 때도 있어요.

아침에 바쁠 것 같으면 저녁에 미리 달걀스프레드를 만들어 냉장고에 넣어두세요.

Ready

모닝롤 4개
슬라이스 햄 2장
달걀 3개
양상추 2장
마요네즈 4큰술
설탕 1큰술

1 끓는 물에 달걀 3개를 넣고 8분 동안 삶아주세요.

2 달걀이 완숙으로 익으면 껍질을 벗겨 흰자와 노른자를 분리한 뒤 각각 볼에 넣고 곱게 으깨요.

3 흰자에는 마요네즈 2큰술을 넣고 노른자에는 마요네즈 2큰술과 설탕 1큰술을 넣어 골고루 섞어 소스를 만들어요.

4 모닝롤 가운데에 칼집을 넣고 잘라 2등분해요. 빵 위에 흰자 – 양상추 – 슬라이스 햄 – 노른자 – 다시 빵 순서로 올려요.

빵에 재료를 올리기 전에 마요네즈를 발라주면 빵이 눅눅해지는 것을 막을 수 있어요. 만들어 바로 먹지 않을 때는 이렇게 하면 좋겠지요?

5 우유나 주스 등과 함께 먹어요. 들고 나가야 할 때는 종이나 은박지 포일로 간단하게 포장하면 돼요.

우아하게 화장을 하는 모습을 그려봅니다.

짱! 짱!

변신 중……

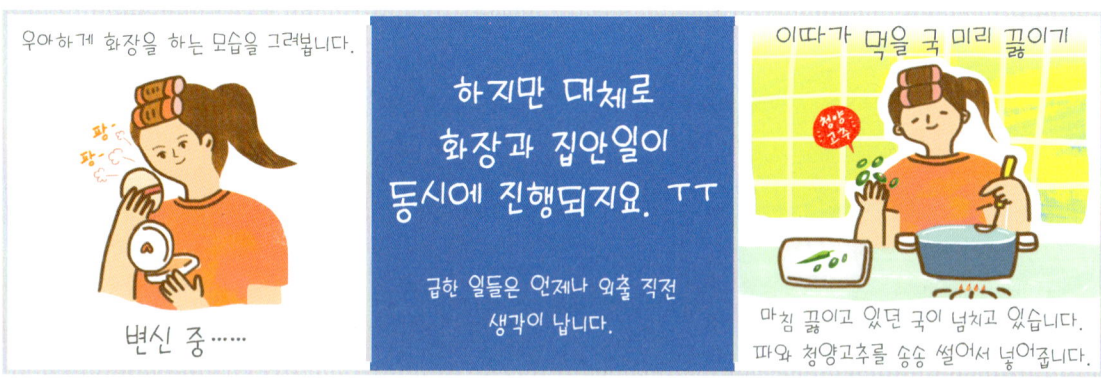

하지만 대체로
화장과 집안일이
동시에 진행되지요. ㅜㅜ

급한 일들은 언제나 외출 직전
생각이 납니다.

이따가 먹을 국 미리 끓이기

청양고추

마침 끓이고 있던 국이 넘치고 있습니다.
파와 청양고추를 송송 썰어서 넣어줍니다.

아, 맞다! 빨래도 널어야 합니다.

깜빡했네!
바쁘다, 바빠!

후다닥 빨래 널기

콘텍트
렌즈→

요리와 빨래를 마치고 다시 화장대로
돌아와 렌즈를 착용!->메이크업 마무리

눈에 무슨 일이……!

으악!!

으악! 갑자기
안구에 찾아온 고통!

아까 청양고추 만지고 손을 씻었던가?

범인은 청양고추?

물로 대충
씻긴 했는데…

멀티태스킹 포기
앞으로는 차근차근 하기로 결심!

멀티태스킹 슈퍼 새댁의 길은
멀고도 험합니다.

시간적 여유가 있을 때는 차분히 이런 저런 일들을 잘 처리하는 편이지만 동시에 많은 일들을 해내야 할 때는 정신이 혼미해집니다. 특히 외출 전이 가장 심각하죠.

가스레인지 위에서 뭔가를 만들다가 빨래 조금 널고, 거울 앞으로 가 아이라인을 그렸다가 다시 빨래 잠깐 널고, 허겁지겁 가스 불을 끄고 이번엔 칼을 들고 채소를 손질하기도 합니다. 그러다 한번은 청양고추 만진 손으로 콘텍트렌즈를 끼는 바람에 눈에서 불이 나 안과로 직행한 적도 있었답니다(망신이 아닐 수 없습니다).

자취를 해서 살림에 익숙하다고 믿었는데, 본격적인 주부가 되고 보니 갈 길이 멀고도 험하네요. 세상의 모든 어머니들이 위대하게 느껴집니다. 울 엄마는 어쩜 그리 슈퍼맨처럼 온갖 것들을 완벽하게 해냈을까요?

멀티태스킹을 할 때는 첫째도 안전! 둘째도 안전!이라는 것을 잊지 말고 세상의 모든 주부님들, 파이팅입니다.

촉촉함의 클래스가 다르다!

프렌치토스트

1 식빵을 대각선으로 잘라 삼각
형 2장으로 만들어요.

식빵 가장자리는 따로 잘라 깍두기
모양으로 잘게 자른 다음 지퍼백에
넣어 냉동실에 얼려두었다가 수프
에 넣어 먹으면 아주 맛있어요.
'크루통'이라고 하는 게 바로 이것
이지요.

브런치카페에서 파는 프렌치토스트를
집에서 만들어볼까요?
슈거파우더만 준비하면 모양까지
완벽하게 흉내 낼 수 있어요.
'남편 입에는 내가 만든 것이 제일
맛있을 것이다'라는 믿음으로 도전!

2 큼직한 볼에 달걀 2개를 골고루 풀어놓고 식빵을
담가 적셔요. 촉촉~하게!

프렌치토스트를 만들고 남은 달걀물은
후춧가루와 소금으로 간을 살짝 해서
스크램블로 만들어요.

Ready   식빵 1장   달걀 2개   버터 1큰술
슈거파우더 1큰술   베이컨 또는 소시지 조금
방울토마토 조금   샐러드채소 조금

4 접시에 다 익은 토스트를 올리고
고운체를 이용해 슈거파우더를
솔솔 뿌려주세요.

3 달군 팬에 버터 1큰술을 녹인
다음 달걀물 적신 식빵을 올려
앞뒤로 노릇하게 구워주세요.
약한 불로 구워야 해요!

꿀팁 한 가지! 슈거파우더가 없을 때는
전분과 설탕을 1:1로 섞어 믹서에 휙~
돌려주면 쉽게 만들 수 있어요.

5 샐러드채소, 방울토마토, 베이컨
(소시지) 등을 곁들이면 근사한
브런치가 돼요. 베이컨이나 소시지는
살짝 굽고 샐러드에는 좋아하는
드레싱을 뿌려요.

전자레인지로 만드는 초간단 레시피

브라우니

여유롭게 휴일 아침을 맞은 날
제가 만드는 단골 음식이에요.
야근이 없었던 주라거나 컨디션이 좋을 때
남편 일어나기 전에 만들어두곤 하지요.
기분 좋은 음악을 틀고 흥얼흥얼 따라
부르며 요리하는 재미도 괜찮답니다.

Ready

브라우니믹스 320g

호두 4알

아몬드 4알

물 1/2컵

1 시중에 판매하는 브라우니믹스 320g과 물을 잘 섞어 반죽을 만들어요. 견과류를 좋아하면 호두와 아몬드를 잘게 부숴 넣어도 좋아요.

2 전자레인지용 용기(깊이 3~4cm 정도면 적당해요!)에 브라우니 반죽을 부어요. 반죽 윗면이 평평해야 해요.

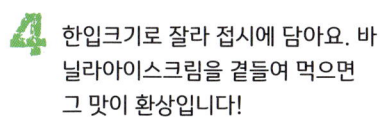

한 번에 다 부어 만들려고 하면 속까지 제대로 안 익을 수도 있으니 여러 차례에 나누어 굽도록 하세요.

3 전자레인지에서 3분 30초 정도 돌려 구운 다음 꺼내어 실온에서 40분~1시간 정도 식혀주세요.

4 한입크기로 잘라 접시에 담아요. 바닐라아이스크림을 곁들여 먹으면 그 맛이 환상입니다!

핫케이크가루로 만드는 예쁜 브런치

블루베리팬케이크

핫케이크가루 한 봉지로 브런치레스토랑
못지않은 요리를 만들 수 있어요.
신선한 블루베리까지 곁들여
영양까지 챙긴 메뉴이지요.
좋아하는 재료를 골라 만들 때마다
색다른 팬케이크로 변신시켜보세요.

Ready

핫케이크가루 200g

생크림 500ml

달걀 1개

우유 100ml

블루베리 1+½컵

설탕 1큰술

1 볼에 우유 100ml와 달걀 1개를
넣고 잘 섞어 달걀물을 만들어요.

200ml 우유팩은 절반을, 종이컵으로는
2/3컵 정도 넣으면 알맞아요.

2 1에 핫케이크가루 200g을 붓고
잘 섞어주세요.

3 약한 불에서 예열한 프라
이팬에 기름을 아주 조금
만 떨어뜨려 골고루 발라
요. 반죽을 떠서 밥공기
둘레 정도의 크기로 부어
익혀요. 반죽 윗면에
기포가 올라오면 뒤집어
반대쪽을 3~4분 정도 더
익히면 적당해요.

5 이제 생크림을 만들 차례예요.
볼에 생크림과 설탕을 넣고 거품
기로 계속 저어 휘핑해두세요.

얼음을 띄운 볼 위에 생크림볼을 올리고 작업
하면 생크림 온도가 차갑게 유지되어 훨씬 신
선해요. 시중에 판매하는 생크림팩 500ml짜리
를 구입하면 남기지 않고 편해요.

4 3~4장 정도 만들어 접시에 펼쳐
놓고 식혀요.

기포

6 블루베리를 으깨서 생크림에 넣고
골고루 섞어요.

7 접시에 팬케이크 1장을
놓고 크림을 바른 다음
다시 팬케이크를 올리는
식으로 3~4장을 쌓아요.
제일 위에는 블루베리를
몇 알 올려 장식하면 끝!

블루베리생크림이 남았다면 밀
폐용기에 담아 냉장보관했다가
식빵에 발라 먹으면 맛있어요.
단, 만든 다음 금세 먹어야 상하
지 않아요.

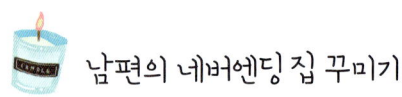

남편의 네버엔딩 집 꾸미기

저의 소품 욕심 못지 않게 남편은 인테리어에 욕심을 부립니다.
뭔가를 자르고 붙이고 못질 하는 것을 좋아하는 그는 셀프 인테리어에 나름 자부심을 가지고 있는 듯해요.
시간적 여유가 있는 날은 혼자서 퉁!탕!퉁!탕! 무언가를 만들고 설치해 집을 새롭게 꾸며주니 저로서는 나쁠 것이 없습니다.

셀프 인테리어의 시작은 도배와 페인팅, 그리고 몰딩이었어요.
바닥의 몰딩을 직접 자르고 실리콘을 쏘아 붙이던 남편의 모습은 마치 인테리어 공사 현장의 능숙한 반장님 같았다고 할까요?
다음은 레일조명.
어느 고요하던 주말 오후, 갑자기 을지로에 나가 레일과 스포트라이트조명이라는 걸 사오더니 전기선을 이리저리 만지며 뚝딱 뭔가를 설치하더군요. 스위치를 On! 한 순간, 분위기 있는 조명이 짠~
이런 쪽엔 영 소질이 없는 저로서는 어찌나 신기하던지요.
그날 이후로 저희 집에는 새로운 것들이 종종 설치되고 있어요. 그때마다 필요한 공구들도 하나 둘씩 늘어나고 있고요.
최근에는 드릴을 구입했답니다. 폴폴 풍기는 전문가의 포스!
드릴로 커튼 레일을 떼고 블라인드를 새롭게 장착했지요. 집 안 분위기가 정말 많이 달라졌어요.

요즘에는 저도 재료를 자르거나 색을 칠하는 쪽에 종종 동원되곤 합니다.
힘들기도 하지만 다음 번엔 부엌을 예쁘게 꾸며준다니 모르는 척 할 수 없지요.

왠지 앞으로 계속해서 집이 새롭게 바뀔 것 같은 기대감이 생기네요. 신혼의 즐거움이라 여기고 당분간은 즐겨야겠지요? 부부만의 힐링타임이기도 하니까요.
셀프 인테리어 고수님들 앞에 명함도 못 내밀 테지만 자꾸 도전해보고 싶어집니다.

즐거운 추억으로 사진 팍팍! 남기며, 오늘도 변화를 줄 곳이 어디 없나~ 구석구석 눈을 돌려봅니다.

결혼 즉시 깨달은
삼시 세끼 해결의 시급함!

친정엄마표 김치는 언제나 진리!

김치볶음밥

Ready

다진 애호박 1/5개

다진 양파 1/2개

다진 김치 1컵

달걀 1개

밥 1공기

식용유 적당량

양념

고추장 1큰술

통깨 조금

참기름 1작은술

퇴근하고 집에 와서 저녁상 차리기 **귀찮은 날** 있잖아요.

이럴 때 보통 뭐 해 드세요? 저는 무조건 김치볶음밥이에요!

냉장고에 있는 재료들 꺼내 송송 썰어 맛있는 엄마표 김치와 함께 볶으면 끝.

엄마 김치 덕에 언제 먹어도 맛있다고 칭찬 받는 메뉴랍니다.

1 팬에 식용유를 두르고 다진 김치와 호박, 양파를 볶아주세요.

2 양파와 호박이 말랑말랑하게 익으면 밥을 넣어요.

3 참기름과 고추장을 넣고 채소와 밥이 골고루 섞이도록 뒤적뒤적해줍니다.

4 새로운 프라이팬을 하나 꺼내 식용유를 두르고 달군 다음 달걀프라이를 반숙 상태로 만들어요.

5 완성된 볶음밥 위에 달걀을 얹고 통깨를 솔솔 뿌리면 완성!

달걀을 익힐 때 물을 살짝 붓고 뚜껑 혹은 쿠킹포일로 덮어주면 노른자 위에 하얀 막이 생기는 반숙 프라이가 됩니다.

술 먹고 들어온 남편을 응징하라!

술자리가 길어지면 새벽 3~4시가 되곤 하는
우리 집 새신랑.
각자 알아서 잘하자!고 결혼 전 합의한 바 있어 되
도록 잔소리를 자제하지만
'오늘은 한 마디 해야겠다'고 작정한 날이 있죠.
하지만 남편의 작전(애교 장전!)에 넘어가
번번이 실패하는 나란 여자.
다음부터는 절대로 봐주지 않을 겁니다.

경계해야 할 4가지 작전 행동
1. 갑자기 애교를 부린다.
   (주로 제가 좋아하는 과자를 손에 들고)
2. 갑자기 기타를 꺼낸다.
3. 갑자기 빨래를 개거나 청소를 한다.
4. 갑자기 베란다에 있는 화초에 물을
   준다. 그 밤에!

엄마 레시피로 담그는 김치

나의 첫 배추 겉절이

회사 일이 바빠 김치를 담그러 친정에 가려던 계획이 미뤄지고 있던 어느 날,
마지막 김치 통을 싹싹 비우고 말았죠. 급한 대로 엄마에게 전화를 걸어
겉절이 담그는 법을 배웠습니다. 전화기 너머로 엄마가 불러주시는 레시피를
열심히 받아 적어 그날 저녁으로 겉절이 만들기에 성공했답니다.

Ready

배추 1포기
굵은 소금 적당량

양념

고춧가루 5큰술
까나리액젓 3큰술
다진 마늘 3큰술
쪽파 1움큼
양파 1개
매실액 2큰술
통깨 적당량

1 배추 1포기의 밑동 부분에 십자로 칼집을 넣어 4등분해요.

2 배추 심을 제거한 후 배추 잎을 한 장씩 떼어 한입 크기로 잘라주세요.

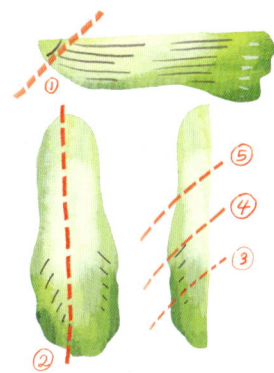

잎을 세로 방향으로 길쭉하게 먼저 나눈 다음 어슷하게 썰면 적당한 크기가 돼요. 노란 배추 속은 몇 장 남겨두세요. 쌈배추로 저녁상에 내면 그만이에요.

3 손질한 배추를 대야 또는 비슷한 크기의 큼직한 볼에 담고 깨끗한 물로 2~3번 씻어요. 넓은 체에 올려 물이 빠지도록 기다립니다.

4 물기가 살짝 빠지면 소금을 뿌려가며 배추를 층층이 쌓아 1시간 정도 절여주세요. 다 절여지면 깨끗한 물에 2~3번 헹궈 물기를 빼요.

20~30분쯤 지나면 배추를 위아래로 한 번씩 뒤적여 섞어주세요.

5 쪽파는 깨끗이 다듬어 3~4cm 길이로 잘라요. 양파는 채 썰어요.

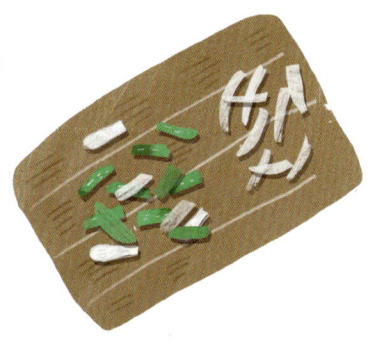

6 배추를 씻었던 볼에 양념 재료를 모두 넣고 섞어 겉절이 양념을 만들어요.

7 6에 절인 배추를 넣고 골고루 섞어요.

8 마지막으로 통깨를 뿌리고 보관용기에 담으면 끝!

아무것도 모르지만 겁 없이 도전!

부추겉절이

절로 손이 가서
우리 집 밥도둑 리스트에 등극!
라면 먹을 때도 그만입니다.

김치는 아니지만 김치보다 더 손이 가는 반찬이에요. 엄마가 집에 오신
김에 **엄마표 부추겉절이**도 배워보았습니다. 부추 씻는 것이 귀찮아
잘 안 해먹었는데 이제 조금만 부지런 떨어 자주 먹어야겠어요.

Ready

부추 1/2단

양념

고춧가루 2큰술
새우젓 1큰술
액젓 1작은술
다진 마늘 1큰술
다진 생강 1/2작은술

1 부추는 다듬어 씻어서 물기를 털어주세요.

지저분한 껍질 등이 곳곳에 숨어 있으니
씻을 때는 두세 가닥씩 잡고 꼼꼼히
살펴야 해요.

2 손질한 부추를 3~4cm
길이로 썰어요.

3cm

3 새우젓을 촘촘하게 다져 볼에 넣
고 고춧가루, 마늘, 생강, 액젓과
골고루 섞어 양념을 만들어요.

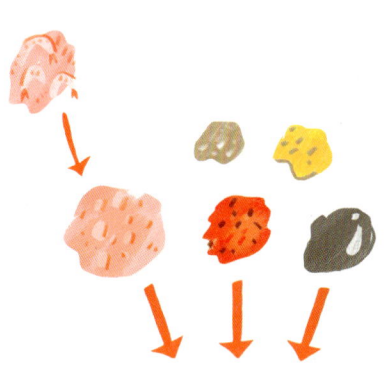

4 썰어놓은 부추에 양념을 넣어요.

5 부추와 양념을 골고루 섞으면 겉절이 완성!

겉절이는 만들어 바로 먹을 수 있어요. 매일 먹는 김치가 지겹거나
김치가 똑 떨어졌을 때는 부추겉절이로 밥맛을 돋워보세요.

김치 만들기가 이렇게 쉬웠어?!

초보자의 열무김치

남편도 저도 열무김치를
좋아해요. 일반적인 배추
김치보다 가볍고 장아찌나
피클보다는 김치라서 밥상
에 참 잘 어울려요.
까나리액젓과 매실청으로
맛깔나게 담가보세요.

Ready

열무 1단
얼갈이 1단
굵은 소금 4~5줌

> 양념

찹쌀풀(찹쌀가루 2큰술+물 3대접) **3대접**
까나리액젓 6큰술
고춧가루 7큰술
새우젓 2큰술
다진 마늘 5큰술
매실액 3큰술
홍고춧물(홍고추 10개+물 1컵을 믹서에 간 것)
양파 1개

1 작은 칼로 열무와 얼갈이 뿌리에 있는 흙을 털고, 뿌리 앞부분과 잎 끝부분을 잘라 버려요. 열무와 얼갈이 모두 길이를 3~4등분해 김치용 큰 그릇(또는 깨끗이 씻은 대야)에 담아요.

잎 사이사이에 벌레가 숨어 있지는 않은지 잘 살펴보는 것도 잊지 말고요!

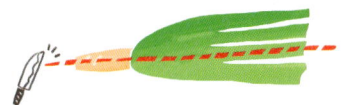

열무의 뿌리 쪽은 굵으니 세로로 한 번 잘라 먹기 좋게 만들어요.

2 손질한 열무와 얼갈이를 한 번 씻어내고 물기를 살짝 뺀 다음 4층쯤으로 나누어 켜켜이 소금을 뿌려 절여요. 1시간 정도 절이면 알맞습니다.

이때 30분 동안 절인 뒤 위아래를 뒤집어 다시 30분 더 절여주세요.

3 절이는 동안 양념을 만들어주세요. 찹쌀풀, 다진 마늘, 까나리액젓, 고춧가루, 새우젓, 매실액, 홍고춧물, 채 썬 양파를 골고루 섞으면 돼요.

4 절인 열무와 얼갈이를 흐르는 물에 살살 씻어 대야에 담은 다음 양념을 넣고 골고루 섞어주세요.

여러 번 치대면 열무에서 풋내가 나니 살살 섞어야 합니다.

골고루

5 완성된 열무김치는 김치보관용기에 담아 하루쯤 부엌 그늘진 곳에 두었다가 냉장고에 넣어요.

피할 수 없는 새댁의 도전 과제

깻잎장아찌

며칠에 한 번은 회사에
도시락을 싸가지고 가요.
처음에는 달걀말이, 소시지구이, 불고기가
단골메뉴였는데, 결혼을 하고 나니
아침 시간에 할 일이 늘어나 미리 만들어두고
꺼내가기만 하면 되는 것들로 바꿨습니다.
그 중에서 제가 **제일 좋아하는 반찬**은
오징어채와 깻잎장아찌, 콩자반이랍니다.
깻잎장아찌는 미리 가위로 2등분해두면
반찬통에 담기 편해요.

1 깻잎을 깨끗이 씻어 물기를 쪽 빼요.

2 마늘은 채 썰어요. 저는 마늘을 좋아해서 듬뿍 준비했어요.

Ready

깻잎 30~40장
마늘 10쪽
멸치액젓 1/2컵
간장 1컵
물 3컵
설탕 1큰술
청양고추 1개
고춧가루 1큰술
통깨 1작은술

3 냄비에 물 3컵, 간장 1컵, 멸치 액젓 1/2컵을 넣고 끓이다가 기포가 생기며 끓어오르면 채 썬 마늘과 청양고추, 설탕을 넣어요. 완전히 끓어오르면 조금 더 끓인 뒤 불을 끄세요. 청양고추는 꺼내고 고춧가루와 깨를 뿌려 섞어주세요.

4 간장물이 조금 따뜻한 정도로 식 었을 때 보관용기에 깻잎을 3~4 장 깔고 깻잎이 푹 젖을 정도로 간 장물을 떠 넣어요. 3~4장씩 반복 해서 양념에 재워 층층이 쌓아주 세요.

불끄고 추가

5 따뜻할 때 바로 먹어도 맛있고 냉장고에 넣어두 고 밑반찬으로 꺼내 먹어 도 좋아요.

좀 더 짭조름한 맛을 원하면 간장물을 만들 때 물의 양을 살짝 줄여보세요.

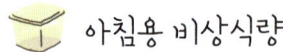 아침용 비상식량

만드는 법은 이렇습니다!

유부초밥

하루 전 날 만들어둡니다. 마트에 갈 때마다 유부초밥 만들기 팩을 구입해 두고 매우 요긴하게 사용하고 있어요. 보통 1팩에 유부초밥 12개가 나오더군요. 미리 만들어 밀폐용기에 담아 냉장고에 두었다가 아침에 데우기만 하면 됩니다. 뚜껑을 살짝 열고 전자레인지에서 20~30초만!

시리얼

우유에 시리얼만 말아 먹으면 너무 슬프니 땅콩, 호두 등의 견과류를 조금 곁들여 먹습니다.

고구마수프라고 부르는 그것

자취시절부터 겨울이면 종종 만들어 먹던 아침메뉴입니다. 찐 고구마가 있다면 큼직큼직 잘라 국그릇 정도의 볼에 우유와 함께 넣고 전자레인지로 30초 정도만 가열해주세요. 이때 살짝 틈만 남겨두고 그릇에 랩을 씌워 돌립니다. 고구마를 숟가락으로 잘게 잘라 우유와 함께 떠먹으면 따뜻한 고구마수프를 먹는 것처럼 행복한 기분을 느낄 수 있답니다. 저처럼 견과류를 좋아하신다면 아몬드를 갈아 넣어도 맛있습니다.

채소 칸에 콩나물 한 봉지 달랑 있을 때

콩나물주먹밥

Ready

콩나물 1줌
베이컨 1장
밥 1공기
참기름 1작은술
통깨 1작은술
소금 1/2작은술
김 1봉지

주먹밥 재료로 콩나물을 활용하는 건 조금 낯설 수도 있어요.

그런데 먹어보면 아삭한 콩나물 식감이

햄 또는 베이컨과 잘 어우러져 맛있는 한 끼가 된답니다.

1 콩나물을 깨끗하게 씻은 다음 지저분한 껍질이나 뿌리는 없애고 아주 잘게 다져요.

칼이 날카로우니까 살살 다쳐주세요~

2 베이컨 1장을 잘게 다져 프라이팬에 넣고 약한 불에서 익혀주세요.

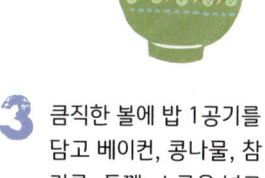

3 큼직한 볼에 밥 1공기를 담고 베이컨, 콩나물, 참기름, 통깨, 소금을 넣고 골고루 섞어요.

4 애기 주먹 정도 크기로 동글게 밥을 뭉쳐요.

요리용 비닐장갑을 끼고 조물조물 주물러 주먹밥을 뭉쳐요. 밥이 뜨거우니 조심해야 해요.

5 김을 가위로 잘라 주먹밥 가운데에 감아주세요.

6 뭉쳐놓은 밥에 김을 두르고 접시에 예쁘게 담아요.

인스턴트카레의 고급스러운 변신

초스피드 카레라이스

카레파우더나 고형 카레 대신 **인스턴트카레**(3분카레!)를 이용해 맛있는 가정식 카레라이스를 만들어볼까요?
고급스럽게 쇠고기도 넣고 버터로 고소한 맛도 살려요.

1 한입 크기로 썬 쇠고기에 청주, 소금, 후춧가루 1큰술을 넣고 밑간을 합니다.

2 버터를 두른 팬에 양파 1/2개를 채 썰어 넣고 볶아요.

살짝 흐물흐물해질 때까지 볶아주세요.

3 2에 밑간 한 쇠고기를 넣고 후춧가루 1큰술을 넣고 양파와 함께 볶아요.

Ready
(2인분 기준)

3분카레 2팩
한입 크기 쇠고기(어떤 부위도 상관없어요) 1컵
양파 1/2개
마늘 10쪽
버터 1큰술
소금 1작은술
후춧가루 2큰술
청주 2큰술
식용유 조금
파슬리가루 조금

4 고기가 다 익으면 3분카레 2팩을 넣고 약한 불에서 7~10분 끓여주세요.

바닥에 눌러 붙지 않도록 수시로 저어줘야 해요.

5 다른 팬에 식용유를 두르고 달군 다음 마늘을 편으로 썰어 넣고 바삭바삭해지도록 굽듯이 볶아요.

6 그릇에 밥을 담고 카레를 부은 다음 구운 마늘을 올리고 파슬리가루를 뿌려 완성해요.

파슬리가루는 기호에 따라 넣지 않아도 좋아요.

남편이 아팠을 때 만든 생애 최초 죽

채소죽

작은 토막만 남은 채소들은 죽을 끓일 때 이용하세요.

속 편하게 먹을 수 있는 채소죽에는 호박과 당근이 잘 어울리죠.

통조림참치를 넣어 단백질까지 보충했으니 한 끼 식사로 든든할 거예요.

Ready

호박 1/10개

당근 1/10개

통조림참치 1/2캔(50g)

밥 1공기

물(밥이 살짝 잠길 정도)

소금 1작은술

참기름 조금

잘게 자른 김 조금

1 당근과 호박을 잘게 다져요.

저는 '곰○이 다지기'를 애용한답니다.

2 물을 끓여 밥 1공기를 넣고 약불에서 살살 섞어주세요.

물은 밥이 살짝 잠길 정도의 양이면 돼요.

3 밥이 끓으며 끈적끈적해지면 다진 채소를 넣고 기름을 뺀 통조림참치, 소금, 참기름을 넣어 골고루 섞어가며 끓여요.

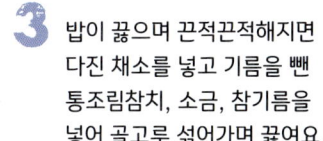

4 채소가 익으면 불에서 내리고 잘게 자른 김을 살살 뿌려 완성해요.

냉장고에서 꺼내 그릇에 담기만 하면 끝!

초스피드 상차림을 위한

멸치볶음

Ready 잔멸치 50g, 호두 5알, 아몬드 10알,
마늘 5쪽, 통깨 1작은술, 식용유 조금
〈양념〉간장 1작은술, 설탕 1작은술,
청주 1작은술, 물엿 1큰술

1 호두와 아몬드는 2~3등분 하고, 마늘은 편으로 썰어요. 달달하고 고소한 맛을 원하면 마늘은 빼도 좋아요.

2 프라이팬에 식용유를 살짝 두르고 멸치를 넣어 약불에서 살살 볶아요. 멸치가 살짝 바삭해지면 호두, 아몬드, 마늘을 넣어 볶아요.

3 마늘까지 다 익었을 즈음 간장, 설탕, 청주, 물엿을 섞어 만든 양념을 넣고 골고루 섞어요.
젓가락으로 마늘을 찔렀을 때 쑥 들어가는 정도로 익혀 주세요.

4 통깨를 넣어 마무리합니다.

애호박볶음

Ready 애호박 1개, 양파 1/2개, 홍고추 1개,
다진 마늘 1큰술, 새우젓 1큰술, 들기름 1큰술,
식용유 1큰술, 통깨 1작은술

1 애호박을 깨끗이 씻어 얇게 반달썰기 해요. 양파는 얇게 채 썰고 홍고추도 얇게 어슷썰기 해요.

2 달군 팬에 식용유와 들기름을 함께 두르고 다진 마늘을 넣어 1분 동안 볶아요.

3 애호박과 양파를 넣고 중불로 다시 볶아요. 애호박이 투명해지기 시작하면 새우젓과 홍고추를 넣어 2~3분 동안 볶고 통깨를 뿌려 마무리해요.

엄마표 밑반찬 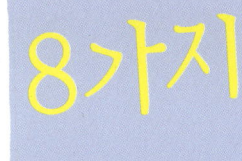8가지

오징어채

Ready 오징어채 200g, 물엿 2큰술, 마요네즈 1큰술,
통깨 1작은술, 식용유 조금 〈양념〉간장 1큰술,
설탕 1작은술, 고춧가루 1큰술, 고추장 3큰술,
청주 1작은술, 다진 마늘 1작은술

1 오징어채를 한입 크기로 자르고 찬물에 씻어 물기를
빼요.

2 간장, 설탕, 고춧가루, 고추장, 청주, 다진 마늘을
섞어 양념을 만들어요.

3 팬에 식용유를 두르고 양념을 부어 약불에서 끓여
요. 살짝 끓어오르면 오징어채를 넣고 골고루 버무
립니다.

4 불을 끄고 마요네즈와 물엿을 넣어 휘휘 섞어 완성
해요.

콩자반

Ready 검은콩 150g, 견과류(호두, 아몬드) 1/2줌,
통깨 조금, 소금 1작은술 〈양념〉간장 2큰술,
설탕 1큰술, 물엿 2큰술

1 검은콩은 깨끗이 씻어 물에 담가 1시간 정도 불립니
다. 콩을 불리는 동안 견과류를 잘게 잘라요.
키친타월 위에 견과류를 놓고 다시 키친타월로 덮어 두들겨
부숴도 돼요.

2 냄비에 물 3컵과 소금 1작은술, 검은콩을 넣고 10분
정도 삶아요.

3 삶은 콩을 체에 밭쳐 물기를 빼요. 이때 콩 삶은 물은
따로 두세요.

4 달군 팬에 삶은 콩을 넣어 살살 볶다가 고소한 냄새가
나면 콩 삶은 물 1컵, 간장, 설탕, 물엿을 넣고 골고루
저어가며 약불에서 볶아요.

5 견과류를 넣고 계속 볶아가며 조리다가 양념이 많이
줄어들면 불을 끄고 통깨를 뿌려 마무리해요.

시금치무침

Ready 시금치 1단, 소금 1작은술(양념용) +1큰술(데치기용), 국간장 1작은술, 다진 마늘 1작은술, 다진 파 1큰술, 참기름 1큰술, 통깨 1작은술

1 시금치의 지저분한 부분과 뿌리를 잘라 깨끗하게 다듬어요. 뿌리를 제거한 밑동에 칼집을 넣어 3~4 등분해요.

2 냄비에 시금치가 푹 잠길 정도의 물을 붓고 끓여요. 물이 끓으면 소금 1큰술을 넣어요.

3 시금치를 넣어 숨이 죽을 정도로 살짝 데칩니다. 물에 넣을 때는 밑동부터 들어가도록! 데친 시금치를 찬물에 헹궈 물기를 꼭 짜요.

4 소금 1작은술과 국간장, 다진 마늘, 다진 파를 넣고 조물조물 무쳐요.
국간장 대신 '된장'으로 무쳐도 별미예요. 된장은 1+½큰술 넣어주세요.

5 참기름을 두르고 통깨를 잘게 부숴 넣어 마지막으로 한 번 더 섞듯이 무쳐 내세요.

우엉조림

Ready 우엉 3뿌리, 식초 1큰술, 물엿 2큰술, 참기름 1큰술, 통깨 1큰술 〈양념〉물 3컵, 간장 6큰술, 설탕 4큰술, 청주 1큰술

1 우엉껍질을 필러로 벗겨요. 껍질 벗긴 우엉을 4~5cm 간격으로 토막 낸 후 채 썰어요. 식초를 탄 물에 우엉을 담가 씻고 깨끗한 물로 헹궈요.

2 다시 끓는 물에 우엉을 넣고 1~2분 동안 데친 후 찬물에 살짝 헹궈 물기를 빼세요.

3 냄비에 물 3컵과 간장, 설탕, 청주를 넣고 우엉을 넣어 센불에 끓이다가 끓어오르기 시작하면 중불로 줄여 조려요.

4 우엉에 간장 색이 돌면 물엿을 넣고 골고루 저어가며 약불에서 마저 조려요.

5 마지막으로 참기름과 통깨를 뿌려 마무리해요.

어묵볶음

Ready   어묵(납작하고 넓은 부산어묵스타일) 4장,
대파 1/2대, 양파 1개, 청양고추 1개,
홍고추 1개, 참기름 1작은술, 다진 마늘 1큰술,
통깨 1작은술, 식용유 1큰술 〈양념〉간장 2큰술,
설탕 1큰술, 고춧가루 1큰술, 고추장 1큰술,
맛술 1큰술, 물엿 1작은술

1 대파와 청양고추, 홍고추는 어슷하게 썰고, 어묵은
한입 크기로 잘라요. 양파는 채 썰어요.

2 간장, 설탕, 고춧가루, 고추장, 맛술, 물엿을 섞어
양념장을 만들어요.

3 달군 팬에 식용유 1큰술을 두르고 다진 마늘을 넣어
볶아주세요. 마늘 향이 올라오면 양파와 어묵을 넣고
볶아요.

4 양파가 투명해지기 시작하면 미리 만들어놓은 양념장
과 고추를 넣어 골고루 섞어요.

5 재료 전체에 양념이 골고루 배면 참기름과 통깨를
둘러 섞어 마무리합니다.

감자조림

Ready   감자 2개, 당근 1/2개, 양파 1/4개, 통깨 1작은
술, 식용유 1큰술 〈양념〉간장 2큰술, 물엿 1큰
술, 다진 마늘 1큰술, 물 1/2컵

1 감자, 당근, 양파를 먹기 좋은 크기로 깍둑썰기
합니다. 감자는 따로 찬물에 담가 녹말기를 제거하고
물기를 제거해요.

2 간장, 물엿, 다진 마늘, 물을 섞어 양념을 만들어요.

3 냄비에 식용유를 두르고 감자를 넣어 살살 볶다가
감자가 투명해지기 시작하면 양념을 넣고 뚜껑을
덮어 5분 동안 익혀요. 당근과 양파를 넣고 조려요.

4 국물이 많이 줄어들면 약불로 줄이고 잘 저어가며
조립니다. 국물이 거의 없어지면 불을 끄고 통깨를
뿌려 마무리하세요.

대패삼겹살로 만든 별미 반찬

돼지고기숙주볶음

저랑 남편이 즐겨 먹는 반찬이자 안주예요.

대패삼겹살을 구워 먹고 조금 남겨두었던 것으로 만들었는데,

아삭한 숙주와 어우러지는 맛에 반해 이제는 즐겨 먹는 메뉴가 되었지요.

1 대패삼겹살에 밑간 재료를 넣고 골고루 섞어 20분 정도 재워요.

2 숙주는 깨끗이 씻어 물기를 빼고 양파는 채 썰어요. 대파는 어슷하게 썰고요.

3 달군 프라이팬에 식용유를 살짝 두르고 대패삽겹살을 구워주세요. 삼겹살이 앞뒤로 살짝 익으면 양파와 후춧가루를 넣고 볶다가 3~4분 뒤에 숙주와 굴소스를 넣고 골고루 섞이도록 볶아요.

너무 세게 뒤적이면 숙주가 끊어질 수 있으니 살살 섞어주세요.

4 숙주와 양파가 다 익으면 불을 끄고 파를 넣어 잔열로 익힙니다.

5 통깨와 가쓰오부시를 뿌려 마무리하세요.

Ready

대패삼겹살 1인분(160~200g),
숙주 2줌
양파 1/2개
대파 조금
굴소스 2큰술
간장 1큰술
가쓰오부시 1줌
후춧가루 1작은술
식용유 조금
통깨 1큰술

밑간
다진 마늘 1큰술
소금 1작은술
후춧가루 1작은술

맛있는 한식 밥상에 종종 오르는 반찬

도토리묵무침

밖에서 느끼한 음식들을 잔뜩 먹고 온 날,
살짝 매콤하면서도 상큼한 한입으로 입가심
하고 싶잖아요. 그럴 때 생각나는 메뉴예요.
다이어트 기간에는 아예
도토리묵무침으로 식사를 대신하고,
평소에는 맛있는 반찬으로
뚝딱 만들어 내지요.

1 팔팔 끓는 물에 도토리묵을 30초 정도 데치고 바로 찬물로 식혀 물기를 빼요.

이렇게 하면 도토리묵의 탱탱함을 제대로 살릴 수 있어요.

2 도토리묵은 2x3cm 내외로 납작하게 썰고 오이는 세로로 반 가른 다음 어슷하게 썰어요. 풋고추는 어슷한 방향으로 송송 썰어요.

도토리묵을 썰 때 물결 모양 칼을 사용하면 예쁜 모양을 낼 수 있어요.

3 양배추와 양파는 길쭉하게 채 썰어요. 채 썬 양파는 찬물에 담가 아린 맛을 줄인 다음 물기를 빼요.

4 상추와 깻잎은 도토리묵과 비슷한 크기로 잘라주세요.

5 작은 볼에 양념장 재료를 모두 넣고 골고루 섞어요.

6 큼직한 볼에 도토리묵과 채소를 넣고 양념장을 부어 골고루 버무려요.

도토리묵이 부서지지 않도록 조심조심 해야 해요. 도토리묵무침을 처음 만들었을 때 너무 과격하게 섞다가 묵이 부서져 속상했던 기억이 있어요.

Ready

도토리묵 1팩
오이 1/2개
양파 1/4개
양배추 1장
상추 3~4장
깻잎 3~4장
풋고추 1개

양념

고춧가루 1큰술
매실액 1큰술
설탕 1작은술
간장 2큰술
다진 마늘 1작은술
참기름 1큰술
통깨 1큰술

쫄깃하고 담백한 맛이 일품

버섯탕수육

예전에 부모님이 치킨 집을 운영하셨던 적이 있어요.

그땐 항상 예열된 기름이 준비되어 있으니 치킨 외에도

다양한 튀김요리를 자주 해주셨지요.

버섯은 고기보다 빨리 익어서 밀가루와

소스 재료만 있으면 뚝딱 완성되는 요리랍니다.

Ready

버섯(표고 또는 느타리,
송이 등) 2줌
양파 1/4개
사과 1/4개
오이 1/5개
당근 1/5개
튀김가루 2컵
전분 2큰술
물 조금(살짝 묽은 반죽이 될 정도)
식용유 적당량

소스
물 1컵
간장 5큰술
식초 3큰술
설탕 5큰술
전분 물(전분과 물 1:1) 조금

1 튀김용 냄비의 1/3 정도가 되도록 식용유를 붓고 중간불로 예열해주세요.

2 튀김가루 2컵과 전분 2큰술, 물을 섞어서 살짝 묽은 반죽을 만들고 한입 크기로 자른 버섯을 넣어 섞어요.

3 예열된 기름에 반죽 몇 방울을 톡톡 떨어뜨렸을 때 뽀얀 거품처럼 위로 올라오면 반죽 입힌 버섯을 넣어 튀기기 시작해요.

버섯은 금새 익으니 튀김옷이 노릇노릇해지면 바로 건져 기름을 빼세요.

4 냄비에 물 1컵과 간장, 식초, 설탕을 넣고 중간불에서 끓여 소스를 만들어요.

5 소스가 끓는 동안 양파와 사과, 오이, 당근은 모두 깍둑썰기 해주세요.

6 소스가 끓으면 썰어놓은 재료들을 넣고 어느 정도 익은 다음 전분 물을 살살 부어가며 농도를 맞춰요.

7 튀긴 버섯에 소스를 부어 버섯탕수를 완성하세요.

새내기 학창시절이 생각나는 맛

추억의 고갈비

저랑 남편은 같은 학교를 나왔어요. 학창시절 커플은 아니에요. 그땐 서로의 존재도
몰랐었죠. 학교 앞에 고갈비를 맛나게 하는 식당이 있었는데, 알고 보니 둘 다 자주
다니던 단골집이었어요. 평범한 반찬에 늘 같은 메뉴인데도 그 집 고갈비는 서울에 갓
올라와 어리바리했던 저에게 고향처럼 정겨운 한 끼가 되어주곤 했어요.

지금도 가끔 그 맛이 그리워 레시피를 뒤지고 그때 먹었던 맛을 떠올리며 고갈비를
만들어봅니다. 몇 번 하다 보니 이제는 제법 그 집 고갈비 맛을 흉내 낼 수 있게
되었어요. 남편과 식탁에 마주 앉아 고갈비를 사이에 두고 술 한잔 기울이는 저녁,
서로를 알지 못했던 새내기 시절 이야기를 하고 있노라면 마치 캠퍼스커플이 된 것
처럼 풋풋하답니다.

Ready

고등어(구이용으로 손질한 것) 1마리
양파 1/2개
대파 1대
부침가루 조금
통깨 조금
식용유 적당량

양념
간장 1큰술
고추장 1큰술   x2
고춧가루 2큰술
다진 마늘 1큰술
매실청 1큰술
설탕 1작은술
맛술 1큰술
생강 조금
후춧가루 조금

1 고등어 1마리를 구이용으로 손질해서 구입해요. 비린내와 짠맛을 없애기 위해 쌀뜨물에 20분 정도 담가두었다가 흐르는 물에 씻어 등쪽에 칼집을 낸 다음 물기를 살짝 말려요.

마트에 가면 손질된 고등어를 진공포장 해서 팔기도 해요.
몇 마리씩 사서 냉동실에 두었다 먹을 수 있어요.
먹기 편하도록 머리와 꼬리를 잘라주세요.

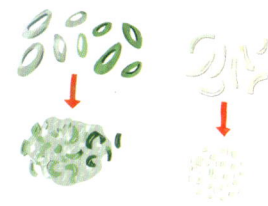

2 양파와 대파는 잘게 다져요.

3 볼에 양념장 재료와 2를 넣고 골고루 섞어요.

고갈비 위에 뿌릴 양파와 대파를 조금 남겨요.

4 키친타월로 고등어의 물기를 닦고 고등어 앞뒤로 부침가루를 묻혀요.

가루가 뭉쳐 있지 않도록 한쪽 끝을 잡고 톡톡 털어주세요.

5 기름을 두르고 달군 팬에 고등어를 올려요.

이때 등쪽이 아래로 가게 하세요.
등이 위로 가면 익는 동안 고등어가 동그랗게 말릴 수 있어요.

6 앞뒤로 바삭하게 완전히 익으면 하얀 살이 위로 오도록 해서 양념을 발라요. 불을 제일 약하게 줄인 다음 앞뒤로 골고루 발라주세요. 양념을 바른 상태로 타지 않을 정도로만 적당히 익혀줍니다.

7 고갈비를 접시에 담고 다진 양파와 파, 통깨를 뿌려 내세요.

입맛 차이

서로 다른 환경에서 각자의 습관대로 살다가 결혼이란 걸 하고 한집에 사는 두 사람이 부부잖아요. 그러다 보니 저랑 남편도 이것저것 참 다른 게 많아요. 결혼을 하고 나니 그 다른 점들이 더욱더 피부로 느껴지고요.
그 중에서도 특히 입맛의 차이는 서로에게 신세계를 선사할 때가 많아요. 어쩌다가 그런 입맛을 갖게 되었는지 캐묻다 보면 과거로 거슬러 올라가 시간여행을 하게 되기도 한답니다.

제가 가장 신기해하는 남편 취향은 다음과 같아요.

3위 : 족발에 초장 찍기

이 조합은 친구를 따라 먹어봤다가 맛 들여 계속 먹는 중이라고 해요.

2위 : 핫도그에 머스터드소스 바르기

이건 많은 사람들이 이렇게 먹는다고 하더군요. 저에게는 낯선 일이었답니다.

1위 : 피자를 케첩에 찍어 먹기

왜 핫소스도 아니고 케첩을 찍나요. 저는 영 텁텁해서 별로인데 말입니다.

남편이 도저히 이해할 수 없다고 하는 제 취향이에요.

3위 : 밥에 달걀 + 참치 + 케첩을 넣고 섞어 동그랑땡처럼 부쳐 먹는 밥 전

초등학생 때 장난처럼 만들어 먹었다가 그대로 저만의 레시피가 되어버렸어요. 남편이 뭐 불만 있냐고 물어봤던 음식입니다. 하하.

2위 : 양념치킨을 반찬 삼아 밥 먹기

이제는 남편도 은근 즐기지요.

1위 : 피자를 피클 국물에 찍어 먹기

이것만은 도저히 이해할 수 없다고 남편이 매번 기겁을 하는 제 입맛이지요.

매일 매일을 함께하려면 입맛이 너무 달라도 힘들다는 걸 느껴요. 다행히 저희 부부는 대부분의 음식은 무난하게 공유하는 편이에요. 가끔 이렇게 타협하기 힘든 부분도 있지만. 그래도 뭐 큰 지장은 없으니까요. 각자 알아서 먹을 일!

더덕을 버터에 굽는다굽쇼?

더덕버터구이

1 깨끗이 씻은 더덕은 끓는 물에 5~10초 정도 살짝 데친 다음 칼로 살살 돌려 깎아 껍질을 벗겨요.

시장에서 흙 묻은 더덕을 사다가 직접 다듬었어요. 끓는 물에 데쳐내서 껍질을 벗기면 잘 벗겨진다고 엄마가 알려주셨죠. 번거로울 땐 껍질 벗긴 더덕을 사면 돼요. **버터와 더덕의 풍미**가 환상의 궁합을 자랑한답니다.

2 껍질 벗긴 더덕은 세로로 반 갈라 밀대로 살살 두드려 납작하게 펴주세요.

더덕에서 하얀 진액이 나오니 랩을 깔고 그 위에서 두드리면 좋아요.

Ready 더덕 1줌 버터 1큰술
소금 1작은술 다진 마늘 1작은술
후춧가루 1작은술 통깨 1작은술

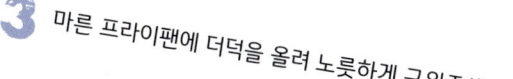

3 마른 프라이팬에 더덕을 올려 노릇하게 구워주세요.

남편!
냉장고 안에
된장 찌개 꺼내서
데워먹어 ~!

4 더덕의 물기가 조금 빠졌다 싶으면 버터와 다진 마늘을 넣고 섞어가며 구워요.

5 소금과 후춧가루로 간을 하고 마지막에 통깨를 뿌려 완성합니다.

주부 입성 후 첫 번째로 끓인 국

미역국

혼자 살 때는 국 없이도 밥만 잘 먹었는데, 주부가 되고부터는 왠지 **국 하나**는
끓여 상에 올려야 한다는 의무감에 사로잡혔어요. 저도 출근을 해야 하니 아침저녁으로는
못 하더라도 저녁상에는 꼭 준비하게 됩니다. 저의 첫 국은 한식에 무난하게 어울리고
생일마다 유용하게 활용할 수 있는 미역국이었지요. **쇠고기 대신 닭가슴살**을 이용해도
맛있으니 참고하세요.

Ready

국거리용 쇠고기 1컵(종이컵)
자른 미역 5큰술
물 4컵
진간장 4큰술
참기름 1큰술
다진 마늘 1큰술
후춧가루 1큰술
소금 조금

1 쇠고기는 종이컵 1컵 분량을 준비하세요. 냄비에 물을 붓고 쇠고기를 넣어 30분 정도 끓여요. 고기 잡냄새가 나지 않도록 중간중간 올라오는 거품들은 거둬주세요.

국거리 고기는 종이컵 1컵 분량씩 나눠 냉동시켜두면 편리해요!

2 큼직한 볼에 깨끗한 물을 담고 미역을 담가 20분 정도 불려요. 미역이 충분히 불면 손으로 비벼가며 깨끗이 씻어요. 흐르는 물에 여러 번 씻은 다음 체에 밭쳐 물기를 뺍니다.

자른 미역을 이용하면 편리해요. 전통 미역이 있다면 적당한 길이가 되도록 손으로 부숴 불리도록 하세요.

고기 끓인 육수는 남겨두어야 해요!

3 끓여낸 쇠고기는 건져서 다른 냄비에 넣고 진간장 2큰술, 참기름 1큰술, 다진 마늘 1큰술을 넣어 볶아주세요.

4 3에 불린 미역을 넣고 함께 볶아요.

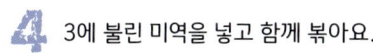

5 미역이 잠길 정도로 육수를 붓고 진간장 2큰술과 소금을 넣어 팔팔 끓여주세요.

총 사용하는 간장 4큰술 분량을 진간장 2큰술과 국간장 2큰술로 나누어 사용해도 좋아요. 기호에 따라 비율을 조절하세요.

6 부족한 간은 마지막에 소금으로 맞춰 완성합니다.

엄마가 끓여주시던 그 맛을 잊지 못해~

쇠고기뭇국

엄마가 끓인 쇠고기뭇국을 참 좋아해요.

어느 날 퇴근해서 저녁 준비를 하려고 하는데, 엄마의 쇠고기뭇국이 너무 먹고 싶은 거예요.

흉내를 내봤지만 그 맛이 아니었지요.

하지만 열심히 반복한 끝에 이제는 후배에게 요리법을 알려줄 수 있을 정도는 되었답니다.

Ready

한입 크기로 썬 쇠고기 1컵(종이컵)

무(쇠고기와 같은 양)

두부 1/2모

대파 1/2대

다진 마늘 1큰술

소금 2작은술

후춧가루 1큰술

참기름 1작은술

1 쇠고기를 찬물에 10~15분 정도 담갔다가 흐르는 물에 한번 헹궈 물기를 빼요.

2 무는 나박썰기 해요. 두께는 0.5cm 내외가 적당해요.

이때 후춧가루를 뿌려 잡냄새를 없애요.

3 냄비에 참기름을 두르고 쇠고기를 넣어 살짝 갈색이 돌 때까지 볶아줍니다.

4 고기가 전체적으로 익으면 무를 넣고 골고루 섞어가며 볶아요.

5 무가 살짝 투명해지면 무와 고기가 충분히 잠길 정도의 물을 붓고 깍둑썰기 한 두부를 넣어 푹 끓여주세요.

끓이는 도중 생기는 갈색 거품은 수시로 걷어내어 맑은 국물이 되게 합니다. 아! 몸에 나쁜 거품은 아니에요.

6 소금과 마늘을 넣고 살짝 싱겁게 느껴지면 국간장을 1큰술 정도 같이 넣어요.

7 무가 투명해질 때까지 보글보글 끓인 다음 어슷하게 썬 대파를 넣어 2~3분 더 끓여 완성하세요.

일타이피! 맑게 한 번, 김치 넣어 또 한 번

콩나물국

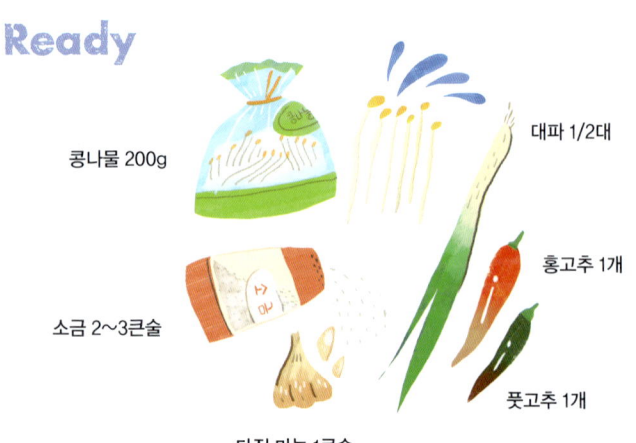

국은 한 번 끓이면 **두세 끼** 계속 먹게 되잖아요.

바쁜 평일에는 더욱 그렇죠.

그래서 저는 콩나물국을 끓일 때 두 가지 버전으로 만든답니다.

하나는 맑은 콩나물국, 또 하나는 남편이 좋아하는 김치콩나물국.

맑은 국을 먼저 끓인 다음 절반은 다른 냄비에 덜고

신김치랑 김치 국물, 고춧가루를 넣으면 간단하게 완성돼요.

Ready

콩나물 200g

대파 1/2대

홍고추 1개

소금 2~3큰술

풋고추 1개

다진 마늘 1큰술

김치콩나물국에 추가!
신김치 썬 것 1/2컵
김치 국물 2큰술
고춧가루 조금

1 콩나물은 껍질과 지저분한 꼬리 쪽을 정리하고 깨끗이 씻어요.

2 냄비에 콩나물을 넣고 콩나물이 충분히 잠길 만큼 물을 넣은 다음 뚜껑을 닫고 끓여요.

이때! 뚜껑을 닫고 끓이기 시작했으면 끓을 때까지 뚜껑을 꼭 닫아두고, 뚜껑을 열고 끓인다면 끝까지 뚜껑을 열고 끓이는 것이 중요해요. 그래야 비린내가 나지 않아요.
국물은 멸치국물을 내서 부어도 좋아요. 시간이 없을 때는 그냥 물을 넣어도 괜찮고요.

3 대파와 풋고추, 홍고추는 어슷하게 썰고 마늘은 다진 것을 준비하거나 알마늘일 경우 다져 주세요.

4 국물이 끓으면 대파, 풋고추, 홍고추, 다진 마늘을 넣고 약한 불에서 계속 끓여요. 이때 뚜껑은 반드시 열고 끓여요.

5 10분 정도 끓인 다음 소금으로 간을 맞춰 마무리하세요.

김치콩나물국은 맑은 콩나물국이 다 익기 전에 덜어낸 다음 신김치와 김치 국물, 고춧가루를 넣어 다시 한 번 팔팔 끓이면 완성돼요. 맑은 국부터 먼저 먹고 매콤한 국은 칼칼하게 숙성시켜 다음 날 먹는 게 좋아요.

남편 요리에서 맛본 신세계

고추장찌개

Ready

감자 1개
양파 1/2개
애호박 1/2개
팽이버섯 1봉지
두부 1/2모
찌개용 돼지고기 100g
대파 1/2대

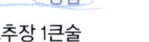양념
고추장 1큰술
고춧가루 1큰술
국간장 1큰술
다진 마늘 1큰술

1 냄비에 라면 2개를 끓일 정도의 물을 붓고 끓여요.

2 감자와 양파, 호박, 두부는 모두 깍둑썰기 하고, 팽이버섯은 밑동을 자르고 반으로 갈라요.

3 물이 끓으면 감자, 호박, 돼지고기를 넣고 고추장, 고춧가루, 국간장, 마늘을 넣어요.

4 돼지고기가 다 익으면 팽이버섯과 두부, 양파를 넣고 재료가 익을 때까지 더 끓여주세요.

5 마지막으로 대파를 어슷하게 썰어 넣으면 고추장찌개 완성!

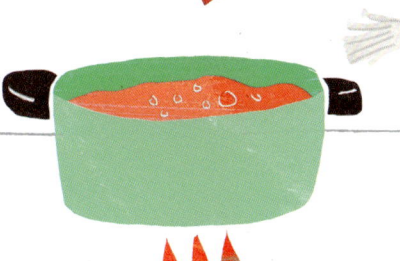

저희 집에서는 고추장찌개를 먹어본 적이 없어 그 맛이 어떠한지 짐작을 못 했어요.

하루는 남편이 주방을 점령하더니 고추장찌개를 내놓는 거예요.

냉장고에 있던 재료로 뚝딱이요.

헛! 닭볶음탕 맛인데 돼지고기가 들어 있는 이 신기함은 뭐지?

그날 반한 뒤로 남편보다 제가 더 좋아하게 되었답니다.

우리, 저녁 먹으며 한잔 할까?

닭볶음탕

오늘은 **야근 없이** 일찍 퇴근하는 날.

밥다운 밥을 해먹겠다는 일념으로 마트에 들렀습니다.

간단하게 준비하되, 든든하게 먹을 수 있는 메뉴를 고민하다가

'닭볶음탕(일명 닭도리탕)'으로 결정했지요.

오동통 예쁜 모양의 닭 한 마리를 골라서 집으로 향합니다.

꼬르륵. 벌써 배가 고프네. 포슬포슬 감자도 넣고 맛있게 끓여보자!

여보! 오늘 한잔 어때?

Ready

| 닭 1마리(1kg) | 감자 2개 | 당근 1개 | 양파 1개 | 청양고추 1개 | 고춧가루 2큰술 | 다진 마늘 2큰술 | 대파 1대 |

1 닭은 흐르는 물에 깨끗이 씻어 큼직한 냄비에 넣고 물을 넉넉히 부어 끓여요.

2 닭이 하얗게 살짝 익으면 끓이던 물을 버리고 다시 닭이 잠길 만큼 물을 부어 끓여요.

3 물이 끓어오르면 양념 (고추장, 고춧가루, 간장, 다진 마늘)을 분량에 맞게 넣어요.

4 감자, 당근, 양파, 청양고추, 대파는 모두 한입 크기로 썰어요.

5 양념을 넣어 끓이던 냄비에 감자와 당근을 먼저 넣고 감자가 다 익으면 양파와 고추를 넣어요.

익는 데 시간이 걸리는 감자와 당근을 먼저 넣고 끓여야 요리가 끝났을 때 모든 재료가 알맞게 익어 맛있답니다!

고추장 5큰술

간장 8큰술

6 마지막으로 파를 넣고 10분 정도 센불에서 끓여 마무리합니다.

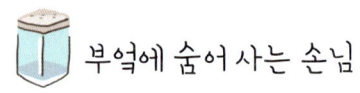 부엌에 숨어 사는 손님

새댁이라는 이름으로 살림을 시작한지 몇 개월. 처음으로 맞닥뜨린 난관이 있었으니, 그건 다름아닌 '벌레'였습니다.
이따금씩 슬금슬금 기어 나오는 수상한 그림자!
제 손이 닿지 않는 사각지대에 숨어 사는 '그 놈'이었습니다.
저와 대 전쟁을 치렀던 그 놈의 이름은 '권연벌레'입니다. 이름도 참 낯설지요?

하지만 딱 보면 척! 한 번쯤은 본 적 있는 벌레일 거예요.
마치 검은깨처럼 생겨 저희 부부는 '깨벌레'라고 불렀어요.
자취 경력 8년차. 부엌에서 일어나는 웬만한 일들은 아무렇지도 않은 저라지만, 이 깨벌레라는 녀석은 도무지 적응이 되지 않습니다.
몸집이 큰 것도, 징그럽게 생긴 것도 아닌데 그냥 마냥 싫은 존재입니다.

하루에 4~5마리씩 보이기 시작하니 슬슬 화가 나고 오기가 생겨 보이는족족 잡았습니다.
이 벌레는 쌀이나 밀가루와 같은 곡물에 생긴다고 해요. 저희 집 녀석의 보금자리는 국수를 넣어 놓은 서랍이었습니다. 으아아~ 아예 마을을 이루고 살고 있더라고요!
벌레가 얼마나 많은지 기겁을 했지요. 서랍을 통째로 들고 나가 탈탈탈.

그날 이후 저는 국수와 밀가루를 냉장고에 보관합니다.
여러분도 부엌으로 가 곡물을 넣어둔 곳이나 그 주변을 샅샅이 살펴보세요.
혹시 한 마리라도 눈에 띈다면 주변을 구석구석 뒤져봐야 합니다.
심지어 밀봉한 봉지 속에서도 생긴다고 해요. 곡물로 속을 채운 베개가 있다면 이 또한 요주의 물건입니다.

여튼, 권연벌레의 존재를 알아두시고 저처럼 깨만한 생물체와 끈질긴
탐색전을 벌이는 일 없으시길 바라는 마음입니다.

보관하기

면류

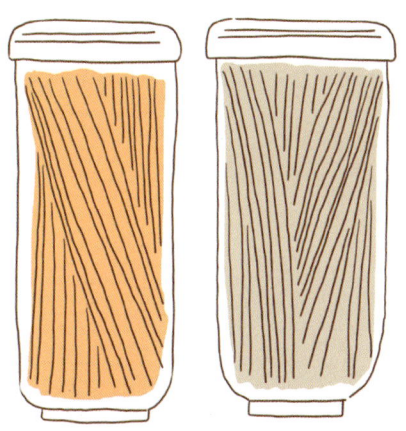

양념

곡물

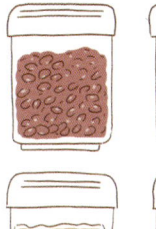

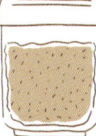

같은 사이즈의 보관 용기를 사용하면
냉장고 속을 효과적으로 정리할 수
있어요.

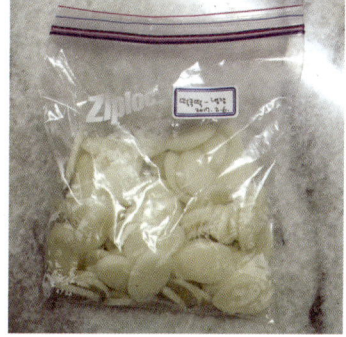

인덱스를 사용할 때는 물에 지워지지
않도록 테이프를 붙이거나 방수용
인덱스를 사용해요.

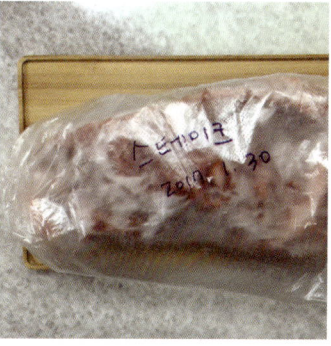

냉동실에 둘 것은 봉지에 네임펜으로
적어두세요.

우리의 긴긴 밤을 위하여!

술안주와 야식

술 맛 당기는 한입 안주

야키도리

밖에 나가기 귀찮은 날 집에서
야키도리를 만들어 술 한잔 나눠
볼까요? 일본 드라마〈심야식당〉
분위기를 내기에도 좋은 메뉴랍니다.

야키도리燒き鳥는 일본식 '닭꼬치' 요리예요.
닭다리살이나 닭가슴살에 데리야키소스를 발라 굽고 대파를 함께
곁들이면 정종이나 맥주 안주로 그만이에요.

Ready

닭다리 3개(또는 닭다리살이나
닭가슴살 3조각)

대파 1대

후춧가루 2꼬집

소금 1꼬집

나무꼬치(긴 것) 3개

데리야키소스

간장 2큰술

청주 2큰술

고추장 1작은술

설탕 1큰술

1 닭다리는 뼈와 살을 분리한 다음 살에 소금과 후춧가루로
밑간 해 20~30분 동안 재워두세요. 살을 분리할 때는
뼈와 살 사이에 칼집을 내고 가위로 자르면 편해요.

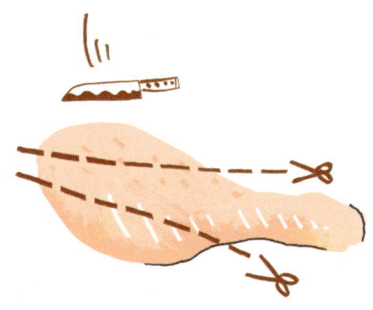

살 바르는 것이 귀찮다면 닭다리살을 구입해 사용
하세요. 퍽퍽한 살을 좋아하거나 다이어트 중이라
면 닭가슴살을 추천합니다.

2 간이 배는 동안 대파
껍질을 벗기고 흐르는
물로 씻은 다음 3~4cm
길이로 토막내세요.

한입에 먹기 좋은 크기로
자르면 돼요!

3 작은 볼에 소스 재료를 넣고
잘 섞어요.

4 꼬치에 고기와 대파를 번갈아 끼워요.

5 달군 팬에 기름을 두르고
닭꼬치를 올려 구워요.
파가 타지 않도록 중간불과
약한불로 번갈아 불 조절을
하며 구워주세요.

6 고기가 익으면 앞뒤로 소스를
바르고 2~3분 더 구워요.

김치 양념을 활용한 취향저격 우리 집 라면

부추라면

오이소박이에 넣는 **부추 소**를 활용해 입맛에 딱 맞는 라면을 만들었어요.
오이소박이를 담고 남은 양념이 아까워 우연히 라면에 넣어봤는데,
바로 우리 부부의 취향저격 단골 메뉴가 되었답니다.

Ready

라면 1개
대파 조금
물 2+½컵

(라면 1+½개 끓일 분량)

오이소박이 소

부추 4~5가닥
고춧가루 3큰술
까나리액젓 1큰술
다진 마늘 1작은술

1 부추는 깨끗하게 다듬어 씻어 3~4cm 길이로 썰고 볼에 넣어 고춧가루, 까나리액젓, 다진 마늘과 함께 버무리세요.

2 냄비에 라면 1개 반을 끓일 분량의 물을 넣고 끓여요.

3 물이 팔팔 끓으면 면과 라면 수프 1/2 분량을 동시에 넣고 끓이다가 2~3분 정도 지나면 오이소박이 소 2큰술을 넣어주세요.

여기서 라면수프도 한몫 하는데요. 저는 매운 라면('후○○'아시죠?)으로 끓였을 때 가장 맛있었어요. 물론 개인 기호에 따라 차이가 있을 거예요.

4 면이 다 익기 직전 불을 끄고 송송 썬 대파를 넣어요.

대파는 라면의 잔열로 익히는 것!

5 라면을 그릇에 담고 기호에 따라 오이소박이 소를 더 넣어 먹어도 좋아요.

얼큰하고 자극적인 맛을 좋아한다면 적극 추천합니다!
밤바람 차가운 캠핑장에서 **칼칼한 야식**이 당길 때도 그만이에요~

술 마신 다음 날 학교 앞 분식집에서 먹던 맛

콩나물해장라면

콩나물에는 '아스파라긴산'이 들어 있어 숙취에 도움을 준다는 이야기 많이 들어보셨죠?

실제로 술 마신 다음 날 콩나물국이나 콩나물 듬뿍 넣은 라면, 콩나물해장국 등이 해장 메뉴로 인기잖아요.

저희 집 단골 해장 메뉴는 예전에 학교 앞에서 먹던 콩나물해장라면입니다.

고추장과 고춧가루를 조금 넣어 얼큰하게 끓여요.

1 냄비에 물을 붓고 깨끗이 씻은 콩나물을
넣어 같이 끓여요. 이때 뚜껑을 꼭 열고
끓여야 비린내가 나지 않아요.

평소 라면을 끓일 때보다 물을 조금
넉넉하게 잡아요.

저는 주로
라면을 이용해요

Ready

라면 1봉지

콩나물 1줌

고추장 1작은술

고춧가루 1큰술

다진 마늘 1작은술

다진 파 조금

2 물이 끓으면 라면수프(건더기+분말), 고추장,
다진 마늘을 넣고 살살 풀어주세요.

3 2에 면을 넣고 팔팔 끓여요.

면을 살살 풀어주되 위아래
로는 섞지 마세요. 콩나물이
라면 아래에서 익어야 잘
익고 비린 맛이 나지 않아요.

4 라면이 다 익어갈 쯤 고춧가루와 다진
파를 넣고 30초 정도 더 끓여요.

5 칼칼한 콩나물 해장라면이
완성되면 큼직한 그릇에 넣고
후루룩 후루룩 먹어요.

우리 부부의 '집술' 스타일

술과 안주를 사랑하는 우리 부부.
퇴근 후 개운하게 씻고 난 뒤 마시는 맥주 한 캔만으로도 충분히 아름답지만, 가끔은 우리만의 콘셉트를 정해놓고 술을 마실 때가 있어요.

첫 번째는 '영화광'의 밤술 타임

바빠서 정신 없는 평일엔 꾹꾹 참아두었다가 주말이 되면 드디어 즉석 홈시어터를 엽니다. 영화 파일이 담긴 외장하드를 TV에 연결하고 후다닥 자리에 앉아요. 소파와 바닥이 우리의 지정석.
이때 안주는 마른안주가 정답! 영화를 보는 중에 조리를 해야 하는 안주가 떨어지면 곤란하니까 영화광 모드일 때의 술은 캔맥주와 마른안주의 조합을 선호합니다.

두 번째는 분위기 있는 '음악광' 스타일

다양한 장르의 음악을 좋아하지만 술 마실 때는 재즈를 자주 들어요. 옛 재즈를 들으며 감성 충만해지면 점점 예쁘고 맛있는 안주를 만들게 됩니다. 주로 부르스케타나 카나페 같은 핑거푸드예요. 집에는 늘 보드카, 진, 토닉워터, 레몬이 준비되어 있어요. 술자리 분위기 좀 잡기 위해서. 아, 우리 부부만의 술 레시피 하나를 공개하자면, 과일주(직접 담근 것)에 우유를 섞어 먹는 거예요. 과일 맛 요구르트 같기도 하고 막걸리 같기도 한데 은근히 맛있답니다.

마지막은 '게임광' 모드

말 그대로 게임을 하면서 한잔 하는 시간. 유난히 피곤했거나 스트레스를 받은 주에 우리 부부의 릴렉스 타임으로 활용합니다.

이때는 오로지 핫도그와 맥주만 먹어요. 각자 게임에 집중한 채 마시다 보니 어느새 습관이 되어 핫도그 아니면 손이 안 가요. 게임 미션 하나를 클리어 했을 때 맥주 한 모금을 시원하게 들이면, 캬~ 십 년 묵은 체증이 내려가지요.

'집술'을 위한 필수템

편한 게 최고지!

맨 얼굴
+ 질끈 묶은 머리
+ 앞머리를 야무지게 고정할 머리핀
+ 안경

술 한잔 하며 볼 영화도 미리 준비합니다.

목 늘어난 티셔츠(단체복)

커플 잠옷바지
상의는 어디 있는지 모름
무릎이 늘어남

수면양말

시어머니 손맛 따라잡기!

비빔국수

Ready

입이 짧은 우리 남편. 흑.
입맛이 없다며 저를 쳐다보고 있을 때는
정말이지 너무 속상해요.
왜? 뭐! 어떻게 해줄까!!!
처음에는 허둥지둥 뭔가 만들어 보고
난감한 경우도 많았는데,
이제는 당황하지 않고! 꺼내놓는 저의 무기가 있답니다.
바로 어머님께 살짝 배워둔 '시댁표 비빔국수'랍니다.
이거 하나면 남편도 꼼짝 못해요.
입맛 없을 때 새콤달콤한 비빔국수로 기분 확 풀어보세요.

소면 2인분(손가락으로 집어
100원짜리 동전 지름만큼) 2줌

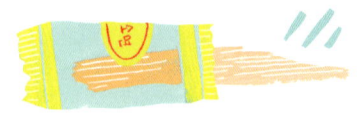

고추장 1큰술

김치 다진 것 1컵

간장 1큰술

참기름 1큰술

참깨 조금

설탕 1큰술

식초 1작은술

1 끓는 물에 면을 넣고 중간불에서 3분 동안 끓이며 익혀요.

면이 푹 잠길 만큼 넉넉한 물을 붓고 끓이려면 냄비도 큼직해야겠지요?

2 다 끓은 면은 찬물에 살살 비벼 씻어 물기를 빼요. 면을 체에 건져 물기를 살짝 빼요.

찬물에 헹구면 면의 전분기도 없애고 찰기가 생겨 좋아요.

3 작은 볼에 양념 재료들을 넣고 섞어 비빔국수 양념을 만들어요.

4 면 위에 양념을 올리고 젓가락으로 잘 섞어 완성하세요.

빈대떡의 또 다른 버전

오코노미야키

Ready

밀가루 1+½공기(밥그릇 기준)

양배추 3장

새우(중간 크기) 6마리

베이컨 2장

달걀 1개

가쓰오부시 1줌

마요네즈 적당량

오코노미야키소스(또는 돈가스소스) 적당량

식용유 적당량

우리 부부가 즐겨 먹는 안주예요. 일본이 고향인 '오코노미야키'이지요. 우리 음식으로는 빈대떡이 비슷해요.

'오코노미お好み'는 '좋아하는 것'이라는 뜻이래요. 돼지고기, 해산물, 양배추 등 입맛에 맞는 재료를

마음껏 골라 푸짐하게 올려보세요. 마요네즈와 함께 오코노미야키소스를 곁들이면 젓가락질을 멈출 수 없는

환상적인 일본식 빈대떡이 완성됩니다!

1 밀가루에 물을 조금씩 부어가며 반죽을 만들어요. 오코노미야키용 반죽은 살짝 묽게 해야 좋아요.

2 양배추와 베이컨은 채 썰어두세요.

3 새우는 깨끗이 씻어 꼬리를 떼요. 달걀은 잘 저어 풀어놓아요.

4 팬에 식용유를 두르고 그림에 있는 순서대로 재료를 올려요. 반죽 – 양배추 – 베이컨 – 새우 – 반죽 – 달걀 푼 것 순으로요.

반죽을 살짝 들어 올려 흐르지 않을 정도로 익으면 뒤집개로 꾹꾹 눌러가며 익혀요.

⑥ 달걀
⑤ 밀가루반죽
④ 새우, 베이컨
③ 양배추
② 밀가루 반죽
① 식용유

5 맨 위쪽 달걀까지 다 익으면 뒤집어서 한 번 더 익힌 다음 다시 뒤집어 달걀이 맨 위쪽에 오도록 접시에 옮겨요. 마요네즈와 오코노미야키소스를 뿌려요.

6 마지막에 가쓰오부시를 뿌려 마무리하세요.

홍합 국물로 럭셔리한 떡볶이 완성!

치즈홍합떡볶이

Ready

떡볶이떡 2+½ 컵(종이컵 기준)

홍합 10개

양파 1/2개

청양고추 1개

대파 1/2대

모차렐라치즈 3큰술

고추장 2큰술

고춧가루 1큰술

간장 1작은술

다진 마늘 1작은술

식용유 조금

마트에서 홍합 한 봉지를 사온 날이면 홍합탕과 함께 치즈홍합떡볶이를 만들곤 해요.

남편이나 제가 야근으로 늦는 날엔 저녁을 혼자 대충 때우고는 나머지 한 사람이 집에 돌아오면

꼭 야식을 먹게 됩니다. 그럴 때 입맛도 배도 만족시키는 **일등공신 메뉴**가 바로 이거예요.

출출했다 먹으면 더 맛있는 떡볶이! **홍합 국물로 감칠맛**을 더해보세요.

1 홍합 껍질을 솔로 문질러 깨끗하게 씻어요. 특히 수염을 깨끗하게 제거합니다.

홍합은 해감을 따로 하지 않고 요리하지만, 좀 더 깔끔하게 손질하기 위해 해감을 한다면 소금을 푼 찬물에 10분만 담가두세요.

2 냄비에 홍합이 푹 잠길 정도의 물을 붓고 삶아주세요. 큼직하게 자른 청양고추도 함께 넣고 삶아요. 홍합이 입을 벌릴 때까지 끓이면 됩니다.

3 떡볶이떡은 물에 잠깐 담갔다가 말랑말랑해지면 체로 건져 물기를 빼요.

말랑말랑

4 양파는 채 썰고 대파는 큼직하게 썰어요.

5 달군 팬에 식용유를 조금 두르고 다진 마늘과 양파를 넣어 볶다가 불을 줄이고 떡을 넣어 같이 볶아요.

떡에 남아 있는 물기 때문에 기름이 확 튀는 낭패를 볼 수 있어요. 불을 약하게 줄이고 조심조심 볶아야 해요.

6 5에 홍합육수(재료 높이의 1/3 분량으로 자작하게)와 삶은 홍합, 고추장, 고춧가루, 간장을 넣고 잘 섞어주세요.

7 떡에 양념이 다 스며들면 불을 끄고 잔열로 대파와 모차렐라치즈를 넣어 익혀요. 완성된 떡볶이를 그릇에 푸짐하게 담아냅니다.

한입만

밤늦도록 야근을 하고 돌아오는 길, 남편도 비슷한 시간에 끝나는 날이면 집 근처에서 만나 함께 들어오곤 합니다. 손가락 까딱할 힘도 없어 그냥 현관에 드러누워 잠들고 싶은 날. 저는 고양이세수만 하고 번개보다 빠른 속도로 달려가 소파 위에 누워버려요. 이런 저와는 달리 남편은 늦게 들어온 날일수록 야식의 유혹을 뿌리치지 못하고 부엌에 가 서성대지요.

함께 먹을 것인지 저에게도 묻습니다.

"자기도 먹을래?"

"아니, 움직일 힘도 없어."

꼭 한 번은 더 묻지요.

"진짜 안 먹어?"

(어김없이 의심의 눈초리를 보내며 말입니다!)

"어."

남편은 바로 말합니다.

"그럼 1인분만 만든다."

맥주가 떨어졌을 땐 귀찮음을 무릅쓰고 편의점에 다녀오는데, 이때도 딱 한 캔만 사오는 거지요.

부엌에서 냄새가 솔솔~ 제 코를 자극합니다.

아니 무슨 이 밤에 몇 가지를? 스크램블을 하더니 다른 프라이팬에는 육 포를 굽지 않겠습니까?

마요네즈에 참기름 한 방울 떨어뜨려 휘 섞는데!

'흥, 그래도 안 먹어야지……' 참아보지만,

아, 정말 못 참겠다!!!
남편 혼자 먹는 야식 타임에는 없던 식탐도 깨어납니다.

이런 일이 반복되다 보니 이제 야식을 만들 때는 꼭 1.5인분을 만드는 남편.
홍홍홍, 고마워요.
슬슬 식탁으로 와 내 몫을 맡겨놓기라도 한 듯 당당하게 야식을 냠냠!

"여보가 만들어주는 야식이 세상에서 제일 맛있어~"
칭찬은 필수고요. 오늘 하루 수고했다며 어깨 몇 번 주무르는 건 팁입니다!

언제 먹어도 질리지 않는 만인의 안주!

골뱅이소면

Ready

소면(손가락으로 집어 500원짜리 동전 지름만큼) 1줌
골뱅이(통조림) 400g
오이 1/3개
양파 1/4개
깻잎 5장
양배추 잎 3장
사과 1/4개
대파 1/2대
통깨 조금

무침양념

고추장 1+½큰술
고춧가루 2큰술
설탕 2큰술
식초 3큰술
참기름 1큰술
다진 마늘 1/2큰술

사시사철 주종에 상관없이 인기 있는 메뉴예요.
쫄깃한 면발과 매콤하게 무친 골뱅이의 조화란!
저는 깻잎과 사과를 넣어 상큼하게 즐기는 걸 좋아해요.
마트에 가면 골뱅이 통조림은 꼭 두 개씩 사다 놓는답니다.

134

1 재료들을 깨끗이 씻고 다듬어요. 오이는 반으로 잘라 얇게 어슷썰기 하고, 양파는 반으로 잘라 얇게 채 썰어요. 깻잎도 반으로 자른 두 쪽 을 겹쳐놓고 채 썰어요.

2 대파는 껍질을 벗기고 길쭉하게 채 썰고, 양배추와 사과는 가늘고 길게 채 썰어요.

대파를 채 썰 때에는 '파채 칼'이라는 도구를 이용 하면 편해요! 마트에서 쉽게 구입할 수 있어요.

3 통조림 골뱅이를 체에 쏟아 물기를 빼고 흐르는 물에 씻은 다음, 크기가 큰 것들 은 반으로 잘라주세요.

체에 받쳐 물기를 빼는 동안 참기름 1작은술을 발라주 면 면이 서로 붙지 않아요!

4 볼에 양념 재료를 모두 넣고 섞어 무침양념을 만들어요.

6 다 삶은 소면은 찬물에 여러 번 헹궈 탱글탱글하게 만든 다음 물기를 빼요.

5 양념이 숙성되는 동안 소면을 삶아요. 냄비에 넉넉한 양의 물을 넣고 끓으면 소면을 넣어 5~7분 정도 삶아주세요.

7 준비한 골뱅이, 소면, 채소에 양념을 넣고 골고루 맛있게 비벼 그릇에 예 쁘게 담아요.

8 마무리로 통깨를 솔솔 뿌리면 완성됩니다.

가을부터 겨울까지 술상은 내게 맡겨!

꼬치어묵탕

Ready

모둠어묵 200g

무(깍둑썰기한 것) 2컵(종이컵 기준)

대파 1대

홍고추 1개

자른 다시마(3X3cm) 5장

육수용 멸치 5마리

국간장 1큰술

쑥갓 조금

꼬치 10개

보기에도 푸짐하고 꼬치에 꿴 어묵을 빼 먹는
재미도 쏠쏠한 어묵탕을 소개합니다. 누구나
쉽게 끓일 수 있지만 육수와 재료가 적절히
어우러져야 제대로 맛이 나는 음식이기도 해요.
멸치, 다시마, 무, 대파, 홍고추 5총사를
꼭 함께 사용하도록 하세요.

1 꼬치에 어묵을 꽂아요.
대파와 홍고추는 손가락 한 마디
길이로 잘라주세요.

납작하고 크기가 큰 어묵은 반으로 접어 폭을 좁힌 후 길이 방향으로 지그재그 꼬치에 끼워요.
크기가 작은 어묵은 꼬치 하나에 여러 개를 꽂고, 길쭉한 원통형 어묵은 꼬치 하나에 어묵 하나씩 끼우면 제일 좋아요.

2 냄비에 어묵이 푹 잠길 만큼의 물을 붓고 머리와
내장을 제거한 멸치를 넣어 10분 정도 끓여요.
여기에 다시마를 넣고 5~10분 정도 더 끓인
다음 멸치와 다시마를 건져냅니다.

멸치는 물이 끓을 때 넣지 말고 찬물에서
부터 넣어 끓이세요. 마른 팬에 볶다가
물을 붓고 끓여도 돼요.

3 2의 육수에 깍둑썰기한 무를 넣어 10~15분
정도 끓여요.

4 국간장을 넣어 섞고 어묵꼬치와 대파,
홍고추를 넣고 어묵이 부드럽게 익을
때까지 끓여요.

혹시 국물이 끓으며 재료가 냄비 밖으로
넘치려고 하면 냄비를 큰 것으로 바꿔주
세요. 끓어 넘쳐 홍수 났던 아픈 기억이
있답니다.

5 다 끓으면 마지막에 쑥갓을
올려 냅니다.

삶은 달걀이나 가래떡 자른 것, 곤약 등을
넣어 먹어도 맛있어요!

손님 온 날 안주로 냈던 효자 메뉴

카프레제샐러드

상큼한 토마토와 쫄깃한 모차렐라치즈가 주재료인 **지중해풍 샐러드**예요.

맥주랑도 와인이랑도 잘 어울려 안주로 애용하고 있어요.

만드는 법도 얼마나 간단한지 갑자기 손님이 찾아와도 빈틈없이 낼 수 있는 메뉴랍니다.

Ready

토마토(단단한 것) 3개   슬라이스 모차렐라치즈 4장   베이비루콜라 1줌   발사믹드레싱 조금

1 토마토는 깨끗이 씻어 물기를 제거하고 얇게 슬라이스 해요. 둥근 모양을 살려 자른 다음 반달 모양으로 한 번 더 잘라요.

얇게 썰어야 하니 물렁물렁하게 익은 것보다는 단단한 토마토로 고르도록 하세요.

2 슬라이스 모차렐라치즈는 가로 세로로 한 번씩 자르고 양쪽 대각선 방향으로 한 번씩 더 잘라 총 8조각으로 만들어요. 치즈 4장을 모두 이렇게 잘라요.

통 모차렐라치즈를 둥글게 잘라 사용해도 좋지만 슬라이스 모차렐라치즈를 이용해 간편 하게 만들 수도 있어요.

3 접시에 토마토 – 치즈 – 토마토 – 치즈 순서로 포개어 올려요.

4 발사믹드레싱을 군데군데 조금씩 뿌린 다음 베이비루콜라를 가볍게 올려주세요.

5 보기에도 상큼한 모양의 카프레제 샐러드가 완성됐어요!

일반적으로 바질을 사용하지만, 저는 루콜라 향을 좋아해서 베이비루콜라를 바질 대신 사용했어요.

'카프레제'라는 이름은 이탈리아의 카프리섬 스타일이라는 의미

결혼 후 첫 번째 집들이를 했던 날을 잊을 수가 없어요. 저녁 7시에 약속을 잡아두고는 급한 일이 생겨 집에 돌아오니 벌써 6시! 메인 메뉴 전에 아무것도 낼 게 없는 상황이었어요. 머리 속이 하얀 상태로 멍하게 있는 저를 보고 남편이 구원투수로 나섰답니다. 남편이 예전에 레스토랑에서 아르바이트를 했을 때 배워둔 메뉴로, 토마토와 모차렐라치즈만 있으면 완성되는 카프레제 샐러드였어요. 저는 토마토를 자르고 남편은 치즈를 자르고. 메뉴를 생각하기 시작해서 접시에 예쁘게 담는 데까지 걸린 시간은 총 15분! 손님들이 맛있게 먹어주기까지 했으니 좋은 성적이지요?

애피타이저로도 괜찮지만 **맥주 안주**로도 그만이어서, 그날 이후로 저녁 손님이 온 날에는 식전 맥주와 함께 안주로 내곤 한답니다.

140

모처럼 입이 호사하는 날

요거트 딥 샐러리

Ready

샐러리 1~2대
플레인 요거트(150g) 2개
꿀 2큰술

평일에는 저나 남편이나 모두 각자 밖에서
자극적인 음식을 많이 먹게 돼요.
그래서 주말에는 될 수 있는 한 순하고
상큼한 메뉴를 먹으려 하지요.
과일이나 채소 섭취에도 노력하고요.
요거트를 딥 소스로 이용한
샐러리는 이런 우리에게 오아시스
같은 메뉴라고 할까요?
맥주 안주로 잘 어울리니,
술을 마시더라도 건강을 생각한
샐러리 안주와 함께 하세요.

1 샐러리는 깨끗하게 씻어서 지저분한
이파리들을 땐 뒤 2cm 내외로 잘라
주세요.

2 볼에 요거트를 담고 꿀 2큰술을
넣어 잘 섞어요.

꿀이 포인트예요. 꿀 없는 환상적인
요거트 딥 소스를 기대하기 어려워요!

3 먹기 좋은 길이로 자른
샐러리에 딥 소스를 곁들여
완성합니다.

달달한 당 보충용 간식이에요

양갱에 빠진 딸기

Ready

양갱 1/2개
딸기 10알
우유 1컵(종이컵)

나른한 주말 오후, TV를 보다가 문득 입이 **심심할 때** 한번 만들어보세요.
신선한 딸기와 달달한 양갱우유시럽이 만나 일상의 피로를 녹여줍니다.
모양도 살짝 귀여우니 좋다! 새댁의 특권 아니겠어요?

1 딸기는 깨끗하게 씻어 꼭지를 제거해요.

꼭지 부분에 불순물이 남아 있을 수
있으니 칼로 살짝 여유 있게 잘라내요.
이렇게 자르면 접시에 예쁘게 세울 수
도 있지요.

2 볼에 우유 1컵과 양갱 1/2개를 넣고
전자레인지에서 30초 가열해요.

3 양갱이 녹은 우유가 살짝 식으며 걸쭉
해지면 딸기 위에 살포시 부어주세요.
앙증맞은 간식이 완성됐어요!

친정엄마와 선배들에게 비법을 전수 받은

손님
초대음식

엄마표 잔소리

갓 결혼해 서툴러도 신혼살림을 꾸려가는 저희 부부를 보며 엄마는 늘 귀엽다고 하십니다. 흐뭇하지만 한편으론 미처 살림을 배우지 못하고 결혼한 딸을 안쓰러워하시지요. 스무 살에 상경해 일찍 엄마 곁을 떠났던 터라 집안일을 배울 틈이 거의 없었거든요. 자취하며 그야말로 생존의 법칙에 따라 터득했던 것들 외에 살림은 이제부터 시작인 거예요.

그래서 엄마는 종종 애정 담긴 잔소리를 하십니다. 지나고 보면 주부생활의 꿀 팁! 한번 공유해보겠습니다.

1 재료는 소분하는 습관을 가져라

채소며 고기 등 한 번에 다 먹지 못할 양은 미리 손질해서 작은 크기로 나눠놓을 것. 특히 마늘은 미리 다져서 소분용기(얼음 얼리는 트레이도 좋아요)나 비닐에 담아 얼려놓으면 요리할 때 필요한 만큼 똑똑 떼어서 쓸 수 있다.

2 깍두기가 쉬었다면 찌개를 끓여라

푹 익은 깍두기는 김치찌개나 된장찌개에 넣으면 비법처럼 맛있는 완성품을 만들어 낸다. 그냥 버리지 말고 꼭 찌개에 활용할 것.

3 김치 국물도 버리지 마라

김치 통 밑바닥에 남아 있는 김치 국물은 버리기 십상. 작은 통에 담아두었다가 김치찌개나 김치볶음밥을 만들 때 넣어주면 맛을 풍부하게 살릴 수 있다.

4 불고기나 제육볶음은 물을 자작하게 붓고 약불에서

불고기나 제육볶음처럼 양념된 고기를 익힐 때 약불로만 익히자면 몹시 오래 걸리고, 중불에 익히자니 홀랑 타버리기 일쑤. 약불에서 어느 정도 익히다가 물을 조금 붓고 뚜껑(뚜껑이 없을 땐 쿠킹포일!)을 덮어 익히면 뜨거운 증기로 고기가 골고루 잘 익는다. 군만두를 익힐 때도 마찬가지. 팬에 먼저 굽다가 물을 살짝 붓고 뚜껑을 덮어 익히면 바삭하면서도 부드러운 군만두가 된다.

5 음식물쓰레기를 냉동실에 넣지 말아라

꽁꽁 얼리더라도 세균이 남아 있을 수 있으니 냉동실에 얼리지 말아라. (제가 자취할 때 음식물쓰레기를 냉동실에 얼리곤 했거든요. 양도 적은데다 바로바로 버릴 수 없어 부패와 악취를 사전에 막고자 얼려버렸었지요.) 절대 묵히지 말고 그때그때 버리도록!

6 건조한 겨울에는 자기 전 손빨래 몇 개 방 안에 널어두기

샤워할 때 양말이나 수건을 간단하게 손빨래해 꼭 짜서 방에 걸어두면 가습기 효과와 빨래 두 가지를 해결할 수 있다.

7 세탁물에서 냄새가 난다면 세탁기를 청소해라

세탁기 내부 거름망에 먼지와 물때가 많이 쌓였거나 세탁조를 오래 닦지 않았을 때 세탁물에서 냄새가 난다. 거름망과 내부 물빠짐 호스를 수시로 세척하고 세탁조도 수시로 살펴 청소한다. 요즘 세탁기는 통 세척할 시기가 되면 알려주는 표시창이 있지만, 그렇지 않을 경우 주기적으로(또는 통이나 세탁물에서 냄새가 날 경우) 통을 청소한다. 세탁조에 물을 가득 받아놓고 전용세척제나 빙초산, 또는 베이킹소다와 식초 섞은 것을 넣어 불린 다음 작동 버튼을 눌러 씻어내면 깨끗해진다.

엄마의 잔소리를 가장한 살림 노하우! 알아두니 생활할수록 정말 도움이 되더라고요.

자, 여기서 **저희 어머님이 전수하신 비법도 3가지만** 알려드릴게요.

1 고구마 맛탕 쉽고 맛있게 하는 법

프라이팬에 자작하게 식용유 두르고 고구마(한입 크기로 썬 것)를 튀기다가 설탕을 넣고 섞어줄 것! 덜 찐득하고 훨씬 부드러운 맛탕이 된다. 다 튀긴 후 조청 등에 버무리는 것보다 과정도 단순하고 오래 걸리지 않아 식은 죽 먹기!

2 기름기 있는 설거지를 할 때

기름기가 남은 그릇을 설거지할 때는 그릇 위로 뜨거운 물을 졸졸 틀어놓고 기름기 없는 그릇부터 설거지하면 편하다. 뜨거운 물이 기름기를 빼주는 동안 다른 설거지 먼저 마치는 것. 단, 기름이 빠져 내려가면서 깨끗한 그릇에 묻지 않도록 그릇들의 위치를 잘 정한다.

3 된장찌개를 끓일 때 된장은 제일 마지막에 넣자

된장을 오래 끓이면 풋내가 날 수 있다. 국물을 내고 채소들을 넣어 거의 다 익었을 때 마지막에 된장을 풀면 좋다. 국물이 맛있게 우러날 정도만 끓이면 된다. 마무리로 고춧가루를 살짝 넣어주면 깊고 칼칼한 맛의 찌개가 완성된다.

이상, 두 어머니의 살림 팁을 전해드렸습니다.
도움이 되셨나요?
알아두고 습관처럼 실천하면 솜씨 좋은 살림꾼으로 만들어주는 엄마표 잔소리였습니다!

닭 선생님, 오늘은 손님을 위해 변신하소서!

삼계탕

저는 닭요리를 참 좋아합니다. 프라이드치킨, 닭강정, 닭볶음탕, **삼계탕**……

그야말로 닭이 주인공인 요리는 거의 다 잘 먹는다고 보면 됩니다. 저의 지론! '닭 선생님은 언제나 옳다!'

그 중에서도 은혜로운 메뉴 하나를 꼽으라면 '삼계탕'으로 하겠습니다.

만들기도 간단하고 피곤할 때 먹으면 기운 펄펄 나게 해주니까요. 게다가 손님이

오시는 날 예쁜 영계로 삼계탕을 끓여 내면 반응이 최고랍니다.

연령대가 비교적 높은 분들

Ready

삼계탕용 닭 1마리

찹쌀 적당량

대추 5알

인삼 1뿌리

황기 5뿌리

엄나무(15~20cm) 2줄

마늘 10쪽

소금 조금

다진 파 조금

물(닭이 충분히 잠길 정도 분량)

1 찹쌀을 씻어 물에 20분 정도 불려두세요.

2 냄비에 물을 붓고 황기와 엄나무 만 먼저 넣어 30분 정도 끓여요.

닭은 나중에 넣어요!

5 2의 물에 손질한 닭을 넣고 남은 마늘과 대추 를 모두 넣어 1시간 정도 끓입니다.

3 깨끗하게 씻은 닭 안쪽에 찹쌀과 인삼, 대추 2알을 넣어요.

닭의 뒤쪽 구멍(똥구멍이라고 하려니 닭이 자존심 상할까봐)으로 넣으면 돼요.

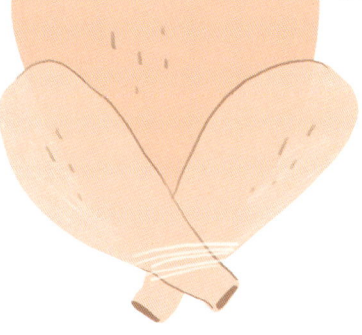

센불에서 끓이다가 한두 번 파르르 끓어오르면 중불로 줄여 끓여요. 닭 이 뽀얀 색을 띠면 약불로 바꿔 남 은 시간 동안 끓이면 됩니다.

4 재료들이 빠지지 않도록 다리를 엇갈리게 꼬아 실로 묶거나 이쑤 시개로 고정시켜요.

찹쌀
인삼
대추
찹쌀

6 큼직한 그릇에 닭을 예쁘게 담고 소금과 다진 파를 곁들여 내세요.

소스를 발라 굽는 우리 집 대표 손님 요리

목살스테이크

일반적인 스테이크와 달리 소스를 발라가며 구워 스테이크와
불고기의 중간쯤 되는 맛이라고 할 수 있어요. 돼지고기 목살을
이용하기 때문에 전문가가 아니어도 실패하지 않고 쉽게 구울 수 있어요.

Ready

돼지고기 목살 200g

샐러드채소 1줌

방울토마토 조금

청주 적당량

다진 생강 1작은술

후춧가루 조금

버터 조금

샐러드용 오리엔탈소스

(마트에서 구입)

스테이크소스

간장 1큰술

A1소스 2큰술

굴소스 1큰술

다진 마늘 1큰술

올리고당 2큰술

청주 3큰술

물 조금

1 준비한 고기에 칼집을 내고 다진 생강, 후춧가루, 청주로 밑간 해요.

2 작은 볼에 소스 재료를 모두 넣고 골고루 섞어 스테이크소스를 만들어요.

3 달군 프라이팬에 버터를 두르고 밑간 한 목살을 올려 앞뒤로 노릇하게 구워주세요.

4 거의 익었으면 스테이크 소스를 앞뒤로 발라가며 완전히 익혀요.

5 넓은 접시에 목살, 샐러드채소, 방울토마토를 보기 좋게 올리고 오리엔탈드레싱을 뿌려 완성합니다.

불고기 반, 스테이크 반의 특별한 스테이크 완성! 개량된 스타일이지만 맛본 사람들은 친숙한 맛이라고 좋아했어요.

쇠갈비찜보다 부드럽게 어필하는 맛!

돼지갈비찜

갈비찜을 꼭 쇠고기로만 만들어야 하는 건 아니에요. 부드럽고 구수한 풍미를 원한다면 돼지고기를

사용해보세요. 육질의 특성상 부드럽게 찢어져서 이가 약한 어른이나 아이가 먹기에도 좋답니다.

양념에 배를 꼭 갈아 넣어 육질을 더욱 부드럽게 만들도록 하세요.

Ready

돼지갈비 500g
양파 1/2개
당근 1/2개
홍고추 1개

양념
배 1/2개
대파 1/3대
간장 3큰술
청주 1큰술
참기름 1/2큰술
설탕 2큰술
다진 마늘 1큰술
다진 생강 1/4큰술
후춧가루 조금

1 돼지갈비는 깨끗이 씻은 후 찬물에 30분 정도 담가 핏물을 빼요.

2 고기를 담가두는 동안 배는 껍질을 벗겨 곱게 갈고, 대파와 마늘, 생강은 칼로 다져요.

3 냄비에 돼지갈비(칼집을 넣어요!), 파, 마늘, 생강, 간장, 청주, 참기름, 배 간 것, 설탕, 후춧가루를 넣고 끓입니다.

양념 재료를 모두 함께 넣고 끓이면 돼서 쉽게 요리할 수 있어요.

4 고기가 익어갈 쯤 당근을 한입 크기로 잘라 넣고 20~30분 정도 더 끓입니다.

5 그 다음은 양파 차례. 양파도 한입 크기로 썰어 4에 넣고 10분 더 끓여요.

6 마지막에 홍고추를 크게 어슷 썰어 넣고 살짝만 더 익혀 완성하세요.

7 홍고추의 일부를 잘게 채 썰어 장식용으로 올려 꾸며 줘도 좋아요.

만능 삼겹살의 일품 요리 완성기

차슈덮밥

'차슈'는 돼지고기 삼겹살을 간장양념에 달콤 짭조름하게 졸인 음식을 말해요.

일본식 요리로, 밥 위에 얹어 덮밥을 만들거나 라멘 위에 올려 먹기도 해요.

손님상에 맛있게 만든 차슈덮밥을 내면 '오~ 이집 메뉴 독특한데~'하는 칭찬 받을 거예요.

2인분 기준으로 만드는 법을 소개할게요.

Ready

통삼겹살 300g
양파 1/2개
쪽파 1대

밑간용 간장양념
대파 1대
마늘 4쪽
생강 1톨
간장 7큰술
청주 7큰술
물엿 2큰술
물 1컵

1 움푹한 팬('웍Wok'이라고 하지요! 중국요리 할 때 많이 써요)에 식용유를 두르고 통삼겹살의 겉면을 앞뒤로 익힙니다.

2 익힌 삼겹살에 듬성 듬성 썬 대파와 생강, 통마늘, 간장, 청주, 물엿, 물을 넣고 포일로 꽁꽁 덮어 강불에서 5분 동안 끓여요. 다시 약불로 줄여 50분 정도 끓입니다.

강불 5분
약불 50분

밑간용 양념은 냄비에 넣기 전 미리 섞어두면 편해요. 양념이 잠깐이라도 숙성되니 좋고요!

3 양념이 배면서 익는 동안 양파와 쪽파를 썰어요. 양파는 얇게 채 썰고 쪽파는 송송 썰어요.

양념

4 2를 불에서 내려 양념은 따로 덜어내고 고기는 살짝 식혀 적당한 두께로 썰어주세요.

5 밥공기에 수북이 담은 밥을 덮밥용 그릇에 담고 끓인 간장양념 2큰술을 골고루 뿌려요.

밥과 양념을 골고루 섞어내도 되고, 먹을 때 섞어가며 먹도록 해도 좋아요.

6 밥 위에 차슈 - 양파 - 쪽파 순으로 올려요.

7 마지막으로 간장양념 1큰술을 더 뿌려주면 완성됩니다.

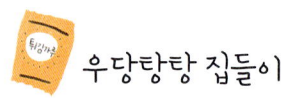

우당탕탕 집들이

집들이는 영원한 숙제이자 스트레스예요. 물론 고수가 되면 익숙한 솜씨로, 준비된 메뉴 리스트에 따라 착착 준비하고 기쁘게 손님을 맞이하겠지만, 초보주부나 바쁜 이들에겐 아무래도 고난도의 집중이 요구되기 때문이에요.

주말에는 그나마 괜찮습니다. 문제는 평일 저녁의 집들이지요!

퇴근하고 달려와도 저녁 7시. 손님들이 도착하기까지는 1시간밖에 남지 않은 거예요.

전날 밑준비를 해놔야 하고, 나머지는 모두 1시간 내에 완료해야 합니다. 저 같은 초보자는 그야말로 혼돈의 시간이지요.

정신이 가출하지 않도록 꼭 붙잡고 하나씩 차근차근 시작합니다.

메뉴 가짓수에 욕심내다가는 큰일 날 것이 뻔해요. 저는 메인요리 한 가지, 에피타이저 한두 가지, 여기에 인스턴트를 조합해 후다닥 만들 수 있는 것을 곁들이로 준비합니다. 저희 집에 오는 손님들은 다들 성향이 비슷해 이런 조합을 좋아했어요.

메인요리는 월남쌈이나 고기, 파스타 중 하나예요. 시간이 걸리는 메인을 먼저 시작해놓고 에피타이저와 서브요리들을 뒤따라 만들지요. 자주 하는 메뉴는 새우까수엘라와 양송이수프, 카프레제샐러드예요. 재료만 있으면 만드는 과정이 매우 간단한 것들이에요. 수프는 여유 있을 때 미리 만들어 나눠 담아 얼려두었다가 이럴 때 녹여서 사용합니다.

저녁 시간이 늦어 손님들이 배고프다 싶으면 양송이수프와 구운 빵을 먼저 냅니다. 허기를 달래기에 제격이지요. 한번은 급작스레 손님이 왔는데, 어쩔 줄 몰라 멍하니 있는 저 대신 남편이 후다닥 재료를 꺼내 카프레제샐러드 하나를 만들어 냈습니다. 덕분에 여유롭게 천천히 있는 재료로 저녁을 차려냈지요. 그 후로 카프레제는 빠질 수 없는 집들이 단골 메뉴가 되었답니다.

메인요리를 먹고도 부족하다 싶은 날은 비장의 무기를 꺼냅니다. 인스턴트이자 저희 부부의 비상식량! 바로 냉동볶음밥이에요. 이걸 꺼내 프라이팬에 볶고 예쁜 접시에 담은 다음 달걀프라이 하나 탁! 올려 내면 손님들이 박수를 치며 환호한답니다!

집들이의 하이라이트는 뭐니 뭐니 해도 설거지죠.

열에 아홉은 기름기 있는 깃들. 침착하게 심호흡을 하고 우선 키친타월의 도움을 받습니다. 기름기를 한 번 제거한 후 뜨거운 물을 부어주면 한결 편하고 깨끗하게, 무엇보다 재빠르게 설거지를 마칠 수 있습니다. 끝도 없이 미끌미끌한 고기기름은 밀가루나 베이킹소다로 닦아요.

어깨며 허리가 끊어질 듯 아프지만 무사히 끝냈다는 안도감에 맥주 한 캔을 들고 소파로 직행합니다. 그래, 오늘도 잘~했어! 다음번엔 더 잘할 수 있을 것 같군.

하하하! 집들이 몇 번 만에 제법 고수 티를 내려고 하지요?

기본 하나, 튀김 버전 하나!

두 가지
스타일 월남쌈

월남쌈을 정말 좋아하다보니 라이스페이퍼 **1팩**을 사오면

두세 끼 연달아 월남쌈만 먹기도 해요.

하루는 조리법에 파격적인 변화를 주기로 했지요. 월남쌈을 예쁘게

싸서 기름에 튀기는 거예요. 우왓! 식감과 맛이 너무 좋아 사랑하는

메뉴가 되었답니다. 베트남 요리 '짜조'랑 비슷하지요.

월남쌈은 준비하기 간편하고 각자 입맛에 맞게 먹을 수 있어

손님을 초대한 날 저의 단골 메뉴가 되었답니다.

1 고기는 한입 크기로 준비해 프라이팬에서 노릇하게 구워주세요.

고기는 어떤 부위든 상관없어요. 제가 주로 사용하는 것은 삼겹살이나 양념한 불고기 감이랍니다.

2 양파와 당근, 피망은 채 썰어요.

게살이나 새우살, 삶은 쌀국수 면(가는 것), 파인애플 등을 추가해도 좋아요.

3 넓은 볼에 따뜻한 물을 담아요. 라이스페이퍼가 잠길 정도 크기가 좋아요.

4 3에 라이스페이퍼 1장을 담가 살짝 녹녹해지게 하고 물기 묻은 접시 또는 도마 위에 펼쳐놓아요. 준비한 재료를 하나씩 올립니다.

물이 너무 뜨거우면 라이스페이퍼가 바로 흐물흐물해져서 펼치기 힘들어요. 적당히 담궜다가 살짝 빳빳한 기운이 있을 때 꺼내 펼치면 예쁘게 모양을 만들 수 있어요.

5 양옆에서 안으로 한 번씩 덮어주고 그 다음은 밑에서 위로 덮어요. 그리고 김밥을 말듯이 돌돌 말면 예쁜 쌈 완성!

6 월남쌈소스를 곁들여 냅니다.

시판 월남쌈소스와 함께 땅콩버터소스도 준비해보세요. 땅콩버터에 마요네즈를 섞어요. 되직한 정도는 마요네즈 양에 따라 원하는 대로 만들고요. 마지막에 참기름 두 방울 톡톡!

Ready

라이스페이퍼 10장
돼지고기(부위는 크게 상관 없어요) 1줌
양파 1/4개
당근 1/4개
피망 1/2개
깻잎 10장
무순 조금
시판 월남쌈소스 적당량

준비물과 만드는 법은 '기본 월남쌈'과 같아요.

단, 월남쌈을 쌀 때 안쪽에 빈 공간이 최대한 없도록 하여 공기가 들어가지 않게 하세요.

알차게 꼭! 꼭! 말아주시라는 말씀이지요!

다음, 튀기는 법입니다.

1 월남쌈에 물기가 마를 때까지 기다렸다가 기름을 두르고
   달군 팬에 2~3개씩 올려 튀기듯 구워요.

2 밑면이 완전히 바삭해졌을 때 뒤집어 반대쪽도 같은
방법으로 구워요. 앞뒤로 천천히 돌려가며 완전히
익힙니다.

월남쌈에 고기를 구워 넣는 대신
핫바나 소시지를 잘라 넣으면 은근히
불 맛 나는 요리가 되지요. 저는 시간이
없을 때 이것들을 활용합니다.

3 겉이 완전히 바삭해지면 키친타월에
올려 기름을 빼고 접시에 예쁘게
올려주세요.

명절음식의 기본

동그랑땡

결혼 후 첫 명절. 어느 집에나 빠지지 않는 동그랑땡 만들기 미션이 저에게도 주어졌습니다.

급히 친정엄마 찬스를 활용해 동그랑땡 마스터하기에 돌입!

두 번쯤 반찬으로 상에 오른 후에야 합격했네요.

엄마표 레시피 덕분에 시댁 어른들 모두 저의 첫 동그랑땡을 맛있게 드셨답니다.

어려워 보이거나 손이 많이 가는 요리도 막상 해보면 별 것 아니라는 걸 느끼며,

앞으로도 쭉 새로운 요리에 도전해보렵니다.

Ready

돼지고기 간 것 150g
(종이컵 1컵 분량)
두부 1/3모
다진 양파 1/4개 분량
다진 당근 1/5개 분량
다진 파 1큰술
마늘 2쪽
밀가루 2큰술
달걀 2개

양념
소금 1작은술
후춧가루 1/3작은술
참기름 1작은술

1 두부는 키친타월로 감싸 꼭 짜서 물기를 뺀 다음 돼지고기, 양파, 당근, 파, 양념 재료와 함께 커다란 볼에 넣고 골고루 주물러 섞어요.

2 잘 섞인 반죽을 탁구공만한 크기로 동그랗게 빚어요.

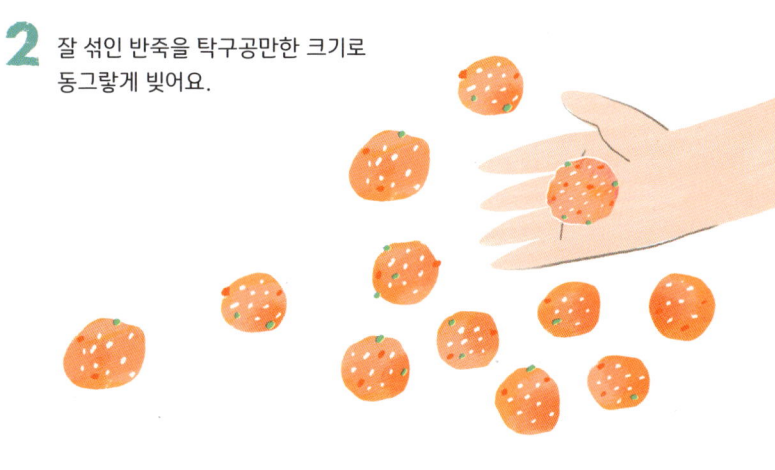

3 작은 그릇 두 개를 준비해 한쪽에는 밀가루 2큰술을 담고 한쪽에는 달걀을 풀어놓아요. 2에서 만든 반죽을 밀가루에 굴린 다음 달걀물을 입혀요.

4 잘 달군 팬에 기름을 두르고 달걀옷 입힌 반죽을 올린 다음 뒤집개로 살살 눌러가며 모양을 잡아 익혀요.

5 앞뒤로 노릇하게 익으면 완성! 하나만 살짝 잘라 안쪽까지 잘 익었는지 확인하고 담아내세요.

꼬마손님까지 좋아했던 밥 메뉴

새우볶음밥

손님상에 꼭 흰밥만 내라는 법은 없잖아요. 특히 이런 날은 음식솜씨를 평가받게 되는 부끄러운 날.

그러니 실패하지 않을 요리로 고르는 게 좋아요. 저에게 무적의 레시피는 새우볶음밥이랍니다.

탱글탱글한 새우와 볶음밥의 꽃이라 할 수 있는 달걀을 이용해

아이도 어른도 좋아할 별미밥을 만들어보세요.

Ready
(2인분 기준)

밥 2공기
칵테일새우 1컵
양파 1/4개
당근 1/6개
청피망 1/2개
브로콜리 조금
달걀 2개
굴소스 1작은술
소금 2작은술
후춧가루 1작은술
식용유 조금

1 달군 팬에 식용유를 두르고 밥을 고슬고슬하게 볶아주세요. 윤기가 흐르면서 밥알이 서로 뭉치지 않을 정도로만 볶은 다음 그릇에 담아 살짝 식혀요.

밥알끼리 눌려 찰지지 않도록 살살 볶아요.

2 새우는 흐르는 물에 깨끗이 씻어 끓는 물에 1~2분 정도 데친 다음 콩알 정도의 크기로 다져요.

보다 탱글탱글한 식감을 내려면 중새우 살을 큼직하게 다지면 됩니다.

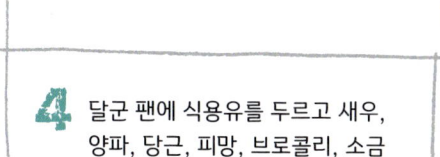

3 양파, 당근, 피망, 브로콜리도 새우와 비슷한 크기로 다져요. 브로콜리는 미리 소금물에 살짝 데쳐서 다지는 게 좋아요.

채소 다지기 전용 기구를 사용하면 편해요. 저는 '곰○이 다지기'를 애용하고 있답니다. 시간을 절약하는 데 이만한 도구가 없다는 저의 생각!

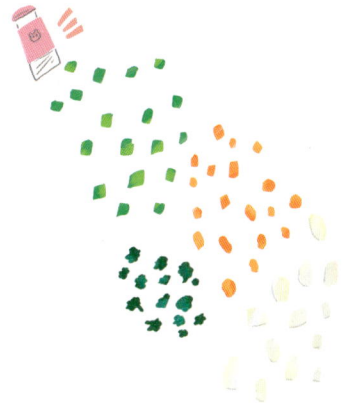

4 달군 팬에 식용유를 두르고 새우, 양파, 당근, 피망, 브로콜리, 소금 1작은술, 후춧가루 1작은술을 넣고 볶다가 채소들이 거의 다 익으면 미리 볶아 식혀둔 밥을 넣고 골고루 섞어주세요.

5 굴소스와 소금 1작은술을 넣고 한 번 더 휘리릭 볶아 마무리합니다.

싱거운 간을 좋아하면 소금 1작은술은 더 넣지 마세요.

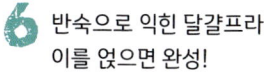

6 반숙으로 익힌 달걀프라이를 얹으면 완성!

볶음밥의 꽃은 달걀이지요. 취향에 따라 완숙 프라이 또는 스크램블식으로 익혀 올려도 좋아요. 저는 프라이를 좋아하고 남편은 수란을 좋아한답니다.

정성 가득 담은 손님맞이

손만두

직접 빚은 손만두를 보면 그 속에 꽉 찬
손맛과 정성이 느껴져 먹는 내내
기분이 좋습니다. 우리 집을 방문한
손님도 이런 기분으로 놀다 갈 수 있도록
손만두를 준비해봤어요. 엄마에게
한 줄 한 줄 받아 적은 레시피가 있으니
용감하게 손님을 초대해봅니다.
만두는 역시 야밤에 빚어야 제맛이지요?
퇴근 후 우리 집 식탁은 수공업 만두공장
으로 변신합니다.

Ready

만두피 1팩
다진 돼지고기 300g
두부 1모
당면 1줌
(손가락으로 집어 500원짜리 동전 지름만큼)
배추김치(다진 것) 1컵
부추(다진 것) 1컵
소금 1작은술
후춧가루 1작은술

1 당면을 끓는 물에 푹 삶아 건져 살짝 식힌 다음 잘게 다져요.

2 다진 돼지고기는 소금과 후춧가루로 간을 하고 팬에 골고루 볶아요.

3 배추김치는 물기를 빼고 잘게 다져요. 부추도 잘게 다져요.

4 두부는 손으로 꾹 눌러 물기를 짜고 으깨주세요.

면보자기로 두부를 감싸 두 손으로 누르면 물기를 쉽게 제거할 수 있어요.

5 큼직한 볼에 돼지고기, 두부, 당면, 김치, 부추를 골고루 섞어 만두소를 만듭니다.

6 만두피 1장을 손바닥 위에 펼쳐놓고 밥숟가락 1큰술 만큼 만두소를 떠서 피 위에 올려요. 만두피 면적의 1/3~1/2 정도가 적당해요. 만두피 가장자리에 물을 묻히고 반으로 접은 다음 손으로 꾹꾹 눌러 붙여요. 만두 모양을 예쁘게 잡아가며 만들어요.

물 묻히는 부분

7 냄비에 찜기를 올리고 면보자기나 종이포일을 깐 다음 만두를 올려 찌면 돼요.

밀가루의 하얀색이 남지 않고 살짝 투명해지면 익은 거예요.

새댁의 봄, 여름, 가을, 겨울

새댁이 되고 나서 몹시 풍성한, 그러니까 충만한 봄, 여름, 가을, 겨울을 보내고 있습니다.

결혼 전엔 추우나 더우나 비가 오나 눈이 오나, 그저 사람들 만나 치킨을 먹거나(치킨을 정말 좋아합니다), 커피 한 잔 하고 헤어지는 게 일상다반사였어요. 4계절 그저 밋밋한 일상이었던 것 같네요.

봄이 오니 식탁에 차려지는 음식이 바뀌고, 여름 창에 시원한 커튼을 바꿔 걸고, 가을이 왔다고 산책을 나가고, 겨울에는 뜨거운 국물 요리를 직접 만드는 일.

이 모든 것이 결혼 후 저에게 찾아온 작지만 큰 사건입니다. 연애시절보다 일상에서 많은 에피소드들이 생겨나고, 4계절을 뚜렷이 기억할 만한 추억을 쌓아가고 있지요.

이제 저의 봄은 도시락으로 시작합니다. 가벼운 소풍을 위한 도시락들이지요. 남아 있는 멸치조림 또는 명란젓을 넣어 만드는 세모 주먹밥이나, 채소와 베이컨, 달걀 등을 넣어 만드는 샌드위치 등등. 직접 만든 것들을 도시락(그것도 예쁜!)에 담아 들고 집 근처 공원까지 슬슬 걸어가 돗자리 위에 앉아 먹으며 뒹굴뒹굴하다 보면 이보다 더 큰 행복이 있을까 하는 생각이 듭니다. 물론 뭐, 이때뿐이기도 하지만요.

웬일인지 여름이면 부엌에 있는 시간이 늘어납니다. 더위에 지쳐 허해진 몸을 위해 보양식을 만들어 먹게 되더군요. 흔하지만 역시 삼계탕이 저의 단골메뉴입니다. 인삼, 대추, 황기 등이 없을 때에도 저희 부부는 닭과 마늘만 있으면 언제고 삼계탕을 해 먹어요. 또 다른 여름 메뉴는 한여름 밤의 비빔국수입니다. 특히 열대야라도 있는 날엔 매콤한 비빔국수가 더위와 짜증을 잊게 해주는 특효약이랍니다. 혼자 살 때는 생각지도 못했던 처방들이에요.

천고마비의 계절 가을이 오면 여름에 더워서 못 다녔던 곳까지 외출을 감행합니다. 산책도 하고 구경도 하고 그러다 저녁이 되면 맛집을 찾아 구석구석 누비곤 하지요. 기막히게 맛있는 집을 찾으면 다음번엔 부모님을 모시고 한 번 더 갑니다. 결혼을 하고 난 후 정말 큰 변화예요. 자연스럽게 부모님 생각을 하게 되었으니 말이에요.

겨울에는 길거리 음식들이 떠올라 가만 있을 수가 없어요. 밤늦은 시간, 갑자기 떡볶이나 어묵꼬치, 호떡 같은 음식이 생각나면 난감하지요. 바로 옷 입고 나가 사올 때도 있지만 몹시 춥거나 참아야겠다고 결심했을 땐 잊어버리기 위해 베란다에 나가 찬바람을 쐽니다. 문제는 그럴수록 더욱 먹고 싶어진다는 것. 이제는 아예 호떡믹스나 떡볶이 재료(어묵은 필수!)를 꼭 챙겨둡니다. 결혼 전에는 군것질을 거의 안 하는 편이었어요. 그러다 연애 시절부터 슬슬 군것질 배가 늘어나더니 이제 계절별로 시간별로 종류를 정해놓고 먹게 되었으니 어쩌면 좋지요? 저희 부부는 특히 겨울에 밤참 식욕이 발동하니 늘어가는 뱃살을 생각해서라도 이제 좀 자제하기로 했어요.

다시 곧 봄이 오겠군요.
지난 1년의 계절들을 되돌아보니 참 많이 행복해졌구나 싶어요.
새봄을 향한 결심을 다지며 따뜻한 방바닥에서 뒹굴뒹굴하는 시간이 허락되니 이 또한 감사합니다!

시시콜콜 수다 떨고 영화도 보면서!

간식과
디저트

맥주 준비! 멕시코소스를 맛볼 시간

과카몰리

'과카몰리 Guacamole'는 멕시코 음식이에요.

토마토와 양파 등을 곁들인 아보카도 소스지요.

토르티아나 크래커, 빵에 발라 맥주 안주로 즐겨보세요.

Ready

아보카도 1개

양파 1/2개

토마토 1/2개

레몬즙 1큰술

소금 1/2작은술

설탕 1큰술

후춧가루 조금

잠깐! 멕시코에서는 아보카도를
Aguacate라고 한대요. Mole는 멕시코
원주민 말로 '소스'를 뜻하고요.
'과카몰리'라는 이름은
아보카도 + 소스
로 이루어진 말이라는 것!
기억해둘까요?

1 먼저 아보카도의 껍질과 씨를 제거해요. 가운데에 크고 둥근 씨가 있으니 아보카도 둘레를 따라 칼집을 넣고 양쪽을 비틀어 반으로 갈라요. 씨는 칼이나 손으로 쉽게 빠져요. 과육은 숟가락으로 아이스크림 푸듯 떠주면 됩니다.

손으로 잡고 살짝 돌리면 쉽게 갈라져요.

2 아보카도를 숟가락으로 큼직하게 떠 볼에 넣고 으깨주세요.

저는 작은 절구에 쓰는 다지기용 방망이를 사용했어요.

3 토마토는 깨끗이 씻어 꼭지를 떼고 양파는 껍질을 벗겨 물로 한 번 씻어요. 토마토와 양파를 큼직하게 다져줍니다.

씹히는 맛을 살리기 위해 너무 잘게 다지지는 말아요.

4 볼에 으깬 아보카도와 다진 양파, 토마토, 소금, 설탕, 레몬즙, 후춧가루를 넣고 골고루 섞어요.

오사카 여행에서 구입한 미니 스퀴저 Squeezer 를 사용하니 레몬즙 내기가 아주 쉬웠답니다!

5 나초나 토르티아, 크래커, 식빵 등에 곁들여 먹어요. 물론 과카몰리만 먹어도 맛있지만 말이에요.

아보카도 보관 tip!

아보카도의 겉이 까맣고 표면이 살짝 물러질 때가 과카몰리를 만들기에 제일 좋은 때예요. 저는 아보카도가 딱딱할 때는 샐러드로, 물렀을 때는 과카몰리로 만들어 먹는답니다.

초록색의 딱딱한 아보카도를 까맣고 무르게 익히려면 그늘진 곳에 상온 상태로 두어 자연스럽게 익도록 하세요. 냉장고에 넣으면 못 먹게 되니 주의해야 합니다.

남편은 부엌이랑 친하지 않아요. 간단한 야식을 만들 때 빼고는 주방에 오지를 않지요.

그런 그가 주방 문턱이 닳도록 기웃거릴 때가 있으니, 제가 레몬이나 아보카도를 사용한 요리를 할 때예요. 대체 무엇이 궁금해서 그러는지 이상하지요?

바로 남편의 취미생활 때문인데요. 남편의 취미는 '씨앗 발아시키기'예요. 레몬이나 아보카도의 씨를 헹여 버릴까 꼭 챙기러 오는 거랍니다.

연애시절, 칵테일을 만들어 먹고 남은 레몬이 있었어요. 남편은 종지 같은 데에 물 묻은 휴지를 깔고 레몬에서 골라낸 씨를 심더라고요. 실제로 이 렇게 키우는 사람들이 꽤 많다나요? 옛날 학교 과학실에서 실험하던 모습 같기도 하고, 하여튼 저는 별 신경을 쓰지 않았습니다.
그런데 며칠 후, 아니! 진짜로 씨앗에서 싹이 돋은 거예요. 게다가 하루가 다르게 쑥쑥 자라는 게 아니겠어요?

이렇게 레몬, 무순을 성공시키더니 이번에는 아보카도 씨앗에 도전!
하지만 4개째 계속해서 실패하고 말더군요. 아무래도 이 큰 씨앗을 집 안 에서 자라게 하는 건 무리인가! 은근히 기대했다 실망스러웠어요.
저까지 오기가 생겨 '아보카도 씨앗 발아'는 부부 프로젝트가 되었고, 이리 저리 방법을 궁리하기 시작했습니다. 페트병을 잘라 씨앗이 물에 잠긴 채 안정적으로 서 있을 수 있도록 발아용 그릇까지 만들었지요. 물도 자주 갈 아주고요.
며칠 후. 아보카도 씨앗에 붉은 점처럼 생긴 것이 올라와 자세히 들여다보 니 반대편 밑 부분에 3~4cm 길이의 뿌리가 자랐더군요. 드디어 성공!

남편의 베란다 놀이는 계속되고 있습니다. 어디 갔는지 남편이 보이지 않 을 땐 어김없이 베란다에 쪼그리고 앉아 앙증맞은 모습으로 식물에 물을 주고 있지요. 관심 없던 저마저도 애정이 생겨, 이제는 함께 즐기는 취미 생활이 되었답니다.

드라마 볼 때 간식으로 딱이에요

새우카나페

술을 좋아해서 그런지 간식도 종종 **안주 스타일**로 만들죠?

그래도 이건 엄연한 간식이에요. 일요일 낮, 점심도 건너뛰고 밀린 드라마를

보는 시간. 새우카나페와 저는 그야말로 **환상의 짝꿍!**

꽤나 든든해서 간식 이상의 배 채움을 보장합니다!

1 칵테일새우는 흐르는 물에 살짝 씻어 끓는 물에 데쳐요.

냉동실을 잘 찾아보면 언젠가 사다놓은 칵테일새우를 발견할 수 있을 거예요. 잠자고 있던 새우를 깨워 요긴한 간식으로 활용해보세요!

2 새우가 익는 동안 양파를 잘게 다져 참치, 마요네즈와 골고루 섞어줍니다.

3 방울토마토는 꼭지를 떼고 십자로 4등분해요.

4 치즈 1장은 8등분해요.

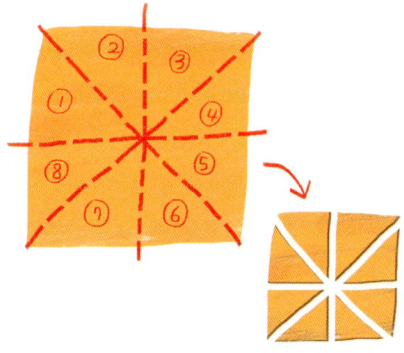

5 크래커 위에 치즈 - 참치 + 양파 + 마요네즈 섞은 것 - 새우 - 방울토마토 순으로 올려요.

6 준비한 재료만큼 카나페를 완성해 커다란 접시에 올려 TV 앞으로 가져갑니다.

Ready

칵테일새우 8마리

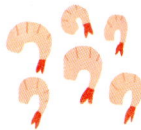

크래커 8장

통조림참치(작은 것) 1캔

방울토마토 2알

양파 1/4개

슬라이스치즈 1장

마요네즈 1큰술

국민간식 떡볶이에 영양을!

호두떡볶이

Ready

호두 10알

떡볶이떡 2컵(종이컵)

간장 1큰술

꿀 4큰술

참깨 1큰술

검은깨 1큰술

1 냉동했던 떡은 흐르는 물에 씻어요.

2 떡과 호두를 물에 살짝 데쳐요.

3 부드러워진 떡과 호두를 키친타월 위에 올려 물기를 제거하고, 호두는 잘게 다져요.

4 프라이팬에 기름을 두르고 떡을 넣어 약한 불에서 살살 볶듯이 익혀주세요.

5 떡의 겉면이 바삭바삭하게 익으면 다진 호두, 간장, 꿀을 넣어요.

꿀 4큰술

간장 1큰술

6 1~2분 정도 골고루 섞어 가며 익히다가 마지막으로 참깨와 검은깨를 넣고 골고루 뒤집어요.

어때요? 금세 만들만하지요?

출출할 때 야식으로 만들어 먹거나 식사대용으로도 괜찮아요.

호두를 넣어 영양을 더했으니 야식 먹는 죄책감에서도 벗어날 수 있어요.

매콤 짜파구리

그냥 짜파게티로는 살짝 느끼한 날이 있어요.
이런 날은 매콤한 맛의 짜파구리가 훨씬 맛있습니다.
제 취향을 제대로 저격했다고 할까요?
짜파구리 = 짜파게티 + 너구리인 건 아시죠?
저는 여기에 짜장면의 맛을 극대화시킨다고 믿는
오이와 양파, 고춧가루를 추가했습니다.

Ready

짜파게티 1봉지

너구리 1봉지

오이 1/3개

양파 1/2개

고춧가루 1큰술
통깨 조금

1 냄비에 라면 2봉지를 끓일 분량의 물을 붓고 센불에서 끓여요. 물이 보글보글 끓어오르면 짜파게티와 너구리의 면과 건더기수프(다시마 포함)를 넣어요.

2 면을 끓이는 동안 양파는 나박썰기 하고 오이는 채 썰어요. 양파는 기름 두른 팬에서 반투명 상태가 될 때까지 살짝 볶아요.

양파의 나박썰기라 함은 짜장면에 나오는 양파 모양을 말합니다!

3 면이 꼬들꼬들하게 익었을 때 물을 반만 따라 버리고 짜파게티의 분말수프와 올리브유, 너구리의 분말수프(2/3 분량만)를 넣어 골고루 비벼요. 여기에 양파를 넣고 마저 섞어요.

물을 반만 따르고 남기는 이유는 수프를 넣고 비빌 때 면이 서로 붙지 않고 윤기 있게 비벼지도록 하기 위해서예요.

4 그릇에 짜파구리를 담고 오이를 얹은 다음 고춧가루와 통깨를 뿌려 완성합니다.

인스턴트 말고 집에서 직접 해 먹어요!

치즈스틱

햄버거가게나 놀이공원의 스낵코너 등에서 별미로 사 먹는 간식이지요?

요즘은 스트링치즈가 다양하게 나와 있으니 집에서 만들어 먹기 쉬워요.

쫀득쫀득 고소한 맛이 일품인 영양 간식이에요.

이다음에 아이가 태어나면 치즈스틱 하나씩 들고

나란히 앉아 있는 모습이 막 상상이 가요.

Ready

스트링치즈(짧은 것) 6개

빵가루 적당량

밀가루 적당량

달걀 2개

토마토케첩 조금

마요네즈 조금
식용유 적당량

1 스트링치즈 6개를 준비해요. 길이가 짧은 것이 만들기 편해요. 긴 것은 반으로
잘라 사용하세요.

길이가 긴 스트링치즈를 그대로
튀기면 옆구리가 터져 치즈가
새는 사고가 종종 일어납니다.

2 치즈에 밀가루 – 달걀물 – 빵가루 –
달걀물 – 빵가루 순서로 입혀주세요.

밀가루

달걀

빵가루

빵가루

달걀

달걀물과 빵가루는 두 번씩
번갈아 입혀요.

3 오목한 팬에 치즈스틱이 충분히
잠길 정도의 식용유를 부어 예열
해요. 적당한 온도가 되면 치즈
스틱을 넣어 오렌지 빛이 될 때
까지 살살 굴려가며 익혀요.
다 익은 치즈스틱은 키친타월
위에 건져 기름을 빼요.

튀김옷 반죽을 살짝 떨어뜨렸을 때 거품이 일며
반죽이 하얗게 위로 올라오면 적당한 온도예요.

4 치즈스틱을 접시에
담고 토마토케첩과
마요네즈를 기호에
따라 곁들여요.

감자만으로 만들어도 맛있어요!

크로켓

느끼한 음식을 즐기지 않는 제가 크로켓에 맛을 들였어요. 신혼여행길에 체코에서 먹었던
작은 크로켓 한 덩어리를 맛본 순간부터예요. 안에 다른 재료를 넣지 않고
감자만으로 담백하게 만들어 겉을 바삭하게 튀기는 것이 포인트랍니다.

Ready

감자 3개
빵가루 2컵
튀김가루 2컵
달걀 2개
소금 1작은술
후춧가루 1작은술
식용유 적당량
토마토케첩 조금
마요네즈 조금

1 감자 3개를 푹 삶아 껍질을 벗기고 곱게 으깨요.

2 으깬 감자에 소금과 후춧가루를 1작은술씩 넣고 골고루 섞어 식혀요.

3 식힌 감자는 알사탕보다 조금 크게 동글동글 뭉쳐주세요.

감자 으깨는 도구를 사용하면 편리해요. 없을 때는 큼직한 포크를 이용하세요.

5 오목한 팬에 감자 3~4덩어리가 푹 잠길 정도의 식용유를 붓고 중불로 온도를 조절해요. 적당한 온도가 되면 감자를 넣어요. 덩어리를 굴려가며 익히다가 연한 갈색이 되면 건져 키친타월이나 튀김 망에서 기름을 빼요.

튀김옷 반죽을 떨어뜨렸을 때 거품이 일며 반죽이 하얗게 위로 올라오면 넣어요.

6 토마토케첩이나 마요네즈를 곁들여 내요.

감자를 으깰 때 소금 1작은술을 넣어 간을 하면 별도로 소스를 곁들이지 않아도 돼요. 취향에 따라 선택하세요.

4 감자 겉면에 튀김가루 - 달걀물 - 빵가루 순서로 튀김옷을 입혀요.

체코에서 맛본 취향저격 크로켓

저희 부부의 신혼여행지는 체코와 오스트리아였습니다. 프라하 – 체스키 크룸로프 – 할슈타트 코스였죠.

프라하에서 체스키크룸로프까지는 차로 이동했는데, 이날 제가 멀미로 심하게 고생을 해서 밥을 못 먹었답니다. 유럽여행 초보자답게 촌스러움을 발휘! 느끼한 건 못 먹겠더라고요.

그러던 중, 제가 묵었던 호텔 1층에 있는 식당이 한국인들에게 인기라는 말을 듣고 솔깃해져 찾아갔지요. 메뉴 자체는 유럽스타일인데 맛이 한국인들 입맛에 맞다는 거예요.

뭐기에 그럴까 하며 다른 테이블을 곁눈질로 살피며 대표 메뉴를 시켰지요. 메인메뉴인 스테이크와 슈피츠(꼬치요리), 그리고 사이드로 크로켓이 나왔어요. 느끼한 속에 크로켓을 먹을 리 만무했지만 조그맣고 귀엽게 생긴 모양이 그동안 알고 있던 고로케와 달라 한입 살짝 먹어보았어요. 그런데 웬일? 속에 감자 이외엔 아무것도 들어 있지 않은 이 조그마한 크로켓이 어쩜 이리 맛있답니까? 겉은 바삭바삭, 안은 부드럽게 스르륵. 짜지도 않았고요. (체코 음식들이 의외로 너무 짜서 조금 힘들었거든요.)

이렇게 의외의 메뉴에 홀딱 반해 멀미도 잊은 채 사이드 디시를 열심히 먹은 바보 두 명.

집에 돌아와서도 그 맛을 잊지 못해 크로켓 레시피 뒤져가며 열심히 만들어 먹는 중이랍니다.

오스트리아에서 느끼함에 멀미가 나신다면!

작은 정보 하나 드릴게요. 제가 멀미로 고생할 때 현지에서 가이드가 알려주었답니다. 오스트리아 장크트길겐에서 케이블카를 타고 해발 3,000m 정도를 올라가는 코스가 있어요. 그곳 정상에 도착하면 '신라면'을 먹을 수 있다는 사실! 그것도 컵라면이 아닌 봉지라면을 끓여준답니다. 먼 타지에서 멀미로 고생하다 산꼭대기에서 먹었던 한국 라면의 맛은 영원히 잊지 못할 거예요.

집에서 묵히기 쉬운 재료는 단호하게!

단호박튀김

몸에 좋다고 하니 뭔가 만들어 먹으리라! 결심하고
구입한 재료들 중에 자칫 **묵혀두기 쉬운 것**들이 있어요.
일부분을 잘라 요리한 뒤에 남겨두기도 하고요. 단호박도 그 중 하나예요.
휴일에는 이런 재료를 적극 활용해서 간식을 만들어요.
집에서 종일 뒹굴뒹굴 하기에 **달콤한 유혹**이 되지요.

Ready

단호박 1/2개

튀김가루 2컵

전분가루 1/2컵

물 1컵

얼음 조금
식용유 적당량

1 단호박은 세로로 반 갈라 가운데 씨 부분을 숟가락으로 파내고 적당한 두께로 썰어요. 가운데가 파인 반달 모양이 되지요.

2 단호박에 튀김가루를 먼저 묻히고 튀김반죽(튀김가루 1+1/2컵 + 전분가루 1/2컵 + 물 1컵 + 얼음 조금)을 묻혀요.

물은 처음부터 다 넣지 말고 조금씩 넣어가며 농도를 맞춰요. 튀김반죽의 온도가 낮아야 더욱 바삭한 튀김이 완성되니 얼음을 조금 넣어주세요.

3 오목한 팬에 단호박 2~3조각이 잠길 정도의 식용유를 붓고 중불로 조절해요. 적당한 온도가 되면 단호박을 넣어요.

튀김옷

튀김옷 반죽을 떨어뜨렸을 때 거품이 일며 반죽이 하얗게 위로 올라오면 알맞은 온도예요. 온도가 너무 높아 튀김이 금새 타버린다면 식용유를 더 넣어 온도를 낮춥니다.

4 젓가락으로 콕 찔러보아 속까지 익었으면 건져서 키친타월에 올려 기름을 빼요.

다이어트 중에도 먹을 수 있어요!

토르티아피자
위에 샐러드

토르티아를 도우로 사용해 간단하게 **미니 사이즈 피자**를 만들어요.
이때 무엇을 토핑 재료로 쓰느냐에 따라 맛도 포만감도 달라지지요. 토마토와 샐러드채소를 올려
칼로리를 가볍게 낮춰보세요. 다이어트 중이라도 토르티아피자 1장쯤은 마음 편히 먹어도 돼요.

Ready

토르티아 1장
토마토 1/2개
양파 1/2개
샐러드채소 1줌
모차렐라치즈 조금
파르메산치즈가루 조금
올리고당 1큰술
오리엔탈드레싱 2큰술

1 토르티아 위에 올리고당을 얇게 펴 발라요.

2 얇게 슬라이스한 토마토와 양파를 위에 올려요.

3 맨 위에 모차렐라치즈를 올린 다음 달군 프라이팬에 기름을 살짝 두르고 토르티아를 올려 구워요. 약한 불에서 치즈가 녹을 때까지 익히면 돼요.

오븐에 구울 때는 150℃로 예열한 뒤 3~4분 구우면 되고, 전자레인지를 사용할 때는 30초~1분만 돌려주세요. 오래 두면 윗면이 바싹 마를 수 있어요.

4 토르티아를 굽는 동안 샐러드채소를 작게 잘라 오리엔탈드레싱에 골고루 버무리세요.

프라이팬을 계속 주시해야 해요. 한눈 팔다가는 토르티아 밑면이 금새 타버릴 수 있어요.

5 3 위에 4의 샐러드채소를 올리고 파르메산치즈가루를 뿌려요.

6 접시에 하나씩 담아 내세요.

집에서 만든 영양 과자

참깨두부칩

심심풀이로 찹! 찹! 씹어 먹을 수 있는 **영양간식**을 만들었어요.

재료는 단순해요. 두부, 밀가루, 달걀! 여기에 참깨와 검은깨를 솔솔.

소파에 앉아 TV를 보는 내내 남편과 제 손이 경쟁이라도 하듯

두부과자 통 속으로 쉴 새 없이 들락날락 거렸지요.

Ready

두부 1/3모

밀가루 200g

달걀 1개

참깨 1작은술

검은깨 1작은술

설탕 1작은술

소금 1작은술

후춧가루 1작은술

올리브유 적당량

종이포일

1 두부를 손으로 눌러 물기를 꼭 짜요.

면보자기로 감싸 누르면 더 좋아요. 없을 때는 도마 위에 올려놓고 손바닥으로 눌러주세요.

2 볼에 두부를 넣고 손으로 으깨요.

3 2에 나머지 재료를 모두 넣고 손으로 곱게 으깨 반죽을 만들어요.

4 도마 위에 밀가루를 살짝 뿌리고 반죽을 올린 다음 두께 2mm 정도가 되도록 밀대로 납작하게 밀어요.

영차! 영차!

5 납작해진 반죽을 칼로 잘라 먹기 좋은 크기로 만들어요.

조심조심! 칼이 날카로우니 조심해주세요~

6 오븐용 트레이에 종이 포일을 깔고 올리브유를 살짝 바른 다음 반죽 조각들을 올려요.

7 120℃로 예열한 오븐에 넣어 25분 동안 구워요.

25분!

감기 예방에 좋은 홈메이드 과일청

금귤청

겨울에 제맛인 금귤청은 피로회복과 감기 예방에 좋아요. 향긋한 금귤 향에 차로 마시면 기분까지 좋아지지요. 탄산수에 섞어 상큼한 에이드 음료로 즐기기도 해요. 빵에 발라 먹으면 잼이 따로 필요 없고요. 새로 담근 금귤청 두 병이 있어 올겨울도 든든합니다!

Ready

금귤 1팩

설탕(금귤과 동일한 양)

베이킹소다 1큰술

유리밀폐용기

1 금귤을 깨끗하게 씻는 것이 중요해요. 볼에 금귤을 담고 금귤이 충분히 잠길 정도의 물을 부은 다음 베이킹소다 1큰술을 넣어 깨끗하게 세척합니다. 여러 번 물로 헹궈가며 씻어내세요.

2 꼭지는 잘라내고 1~2mm 두께로 슬라이스해요. 슬라이스하면서 보이는 씨는 빼주세요. 슬라이스한 금귤은 키친타월로 감싸 살짝 눌러서 물기를 제거해요.

3 금귤과 같은 양의 설탕을 준비해요.

금귤을 종이컵에 담아 부피를 재고 같은 양으로 설탕을 준비해요. 금귤이 2컵이면 설탕도 2컵!

4 깨끗이 씻어 뜨거운 물로 소독해 바짝 말린 유리병에 금귤 – 설탕 – 금귤 – 설탕 순서로 번갈아가며 층층이 쌓아요.

← 여기까지 가득 채우기

설탕
금귤
설탕
금귤

5 상온에 하루 동안 두었다가 냉장고에 넣고 1주일 정도 숙성시켜요.

상온에서 1일

냉장보관 7일

6 맛있게 익은 금귤청을 따뜻한 물에 타서 차로 마시거나 탄산수에 타서 음료로 즐겨요.

우유빙수

참을 수 없이 더운 날은 어디 나가지 말고 집에서 빙수를 만들어 먹는 게 최고예요.

빙수 만드는 기계가 없어도 쉽게 만들 수 있어요. 우유를 얼린 우유얼음은 잘 녹고 쉽게 부서지기

때문이에요. 미숫가루와 단팥을 넣은 '연남동 유선이네 빙수'를 소개할게요.

Ready

우유 200ml	시리얼 2큰술	미숫가루 1큰술	단팥 2큰술	연유 조금

1 얼음 얼리는 트레이에 우유를 부어 냉동실에서 얼려요. 이때 우유와 물을 6:4의 비율로 섞어 만들면 더 맛있어요.

2 꽁꽁 얼은 우유얼음의 2/3 분량은 지퍼백에 넣고 잘 잠근 다음 꾹꾹 눌러 잘게 부숴요. 나머지 1/3 분량은 트레이에 그대로 둡니다.

부드럽게 먹고 싶을 때는 얼음을 남기지 말고 모두 잘게 부숴요.

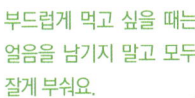

3 볼에 으깬 얼음과 각 얼음을 담고 단팥 – 미숫가루 – 시리얼 – 연유 순서로 올려요.

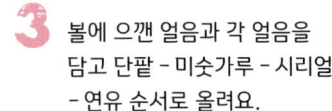

4 재료를 골고루 섞어 한입 시원하게 맛보세요.

장운동을 도와주는 비장의 무기

사과당근주스

Ready

사과 1개
당근 1/2개
요구르트(작은 것) 2병
물 1컵

저는 장이 약한 편이에요.
활동이 둔하기도 하고요.
그래서 요리를 할 때 소화
가 잘되는 음식인지를 염두
에 두지요. 며칠씩 볼일을
보지 못한 날이면 저만의
비장의 무기를 꺼낸답니다.
바로 사과당근주스예요.
꼭 요구르트(요거트 말고
요구르트요!)를 함께
넣어주세요.

1 사과와 당근은 깨끗이 씻고(껍질째
사용하니 깨끗하게!) 믹서에서 잘
분쇄될 크기로 썰어요.

2 믹서에 사과, 당근, 요구르트, 물
을 넣고 갈아요.

퍽퍽하면 물을 더
넣어요. 마시기 쉬
워야 자주 해먹게
돼요. 장까지 도달
하기도 쉽고요.

3 완성된 사과당근주스를
컵에 담아 바로 마셔요.

스트레스 구간에는 잊고 있던 데이트를 하세요

결혼을 하니 매일매일 얼굴 보고 집에 갈 때 헤어지지 않아도 되어 좋았지만, 한편으론 데이트다운 데이트를 할 기회가 줄어드는 슬픔이 현실이더군요. 아무래도 결혼 후엔 집에 함께 있으니 집에서 밥을 먹고, 집에서 술을 마시고, 아니, 그게 아니죠. 집에 가서 밥을 해야 하고, 안주를 먹고 나도 설거지는 우리 몫이 되고!
저희 부부의 요즘이 딱 그렇습니다.

그러다 밖에서 스트레스 왕창 받은 날이면 집에도 가기 싫고 얼굴 봐도 짜증만 내게 되고, 잠도 오지 않고요. 이런 날이 반복되는 어느 구간이 돌아오면 문제는 심각해지지요. 웃음기 없는 얼굴로 남편을 대하게 되고, 영별로입니다. 하루는 전화 통화에서 이런 제 기운이 감지되었는지 남편이 모처럼만의 기분전환용 데이트를 신청하더군요.
'역시, 촉이 좋아'

우리 동네를 (제발 좀) 벗어나 다른 곳으로 가보기로 했지요.
그래 봤자 맛있는 저녁메뉴를 찾아 나선 것이지만, 그래! 확 당기는 매운 것을 먹자! 스트레스 받을 땐 매운 음식이 먹고 싶잖아요. 저에게 그 음식은 어김없이 떡볶이입니다. 화가 나서인지 매워서인지 모를, 벌개진 얼굴로 땀 뻘뻘 흘려가며 오뎅국물과 함께 먹는 떡볶이가 세상 최고의 요리이지요.
'이런 날은 미슐렝 쓰리 스타도 필요 없어!'

제가 즐겨 가는 곳은 성균관대학교 정문 앞의 '나누미떡볶이'입니다.
그간 소원해졌던 그곳에 가기로 합니다.

무려 3년 만의 영접 시간! 두근두근~

캬~ 스트레스를 한 방에 날려버리는 환상의 맛! 게다가 이 집은 김밥도 꿀맛입니다. 이곳 김밥의 화룡점정은 바로 아삭아삭한 당근! 김밥에 들어간 당근 싫어하시는 분도 일단 먹어보면 알 거예요. 왜 이리 호들갑인지.

줄줄이 시켜 한바탕 먹고 나니 거짓말처럼 스트레스가 풀립니다.

고민되던 일들도 잠시 안드로메다로 날아가 버리고, 미워 보이던 남편 얼굴도 예쁘게 보입니다.

이렇게나 단순한 사람이었나! 살짝 민망해지지만 말이에요.

(어찌 보면 남편은 좋겠습니다. 이렇게 작은 노력으로 아내의 스트레스 구간을 무난히 넘어갈 수 있다니 말입니다!)

이날 데이트의 피날레는 오락실이었어요.

이번에는 남편을 위한 코스입니다. 남편은 오락실의 '인형 뽑기' 기계만 보면 자동으로 동전을 바꿔 기계 앞에 서서 레버를 당기는 뽑기 덕후랍니다.

이날도 시원하게 하나 뽑아주고! 그 다음은 라스트 오브 라스트!

바로 '펀치' 게임입니다.

한 방에 모든 근심걱정짜증을 다~ 싣고 퍽!

딩동댕~ 제 점수는요! 무려 814점!!!

제 역대 최고의 점수였습니다. 스트레스지수 = 펀치 스코어! 맞는 듯합니다.

일상에서 이런 시간은 꼭 필요합니다. 별것 아닌 것 같더라도, 남들은 더 근사한 방법으로 스트레스를 날리는 것 같더라도, 혹여 데이트가 만족스럽지 않아 더 짜증날 것을 걱정하면서라도.

그래요! 결혼 후에도 밖에서 하는 데이트는 주기적으로 꼭 필요합니다!

고수님들~

주부로, 일하는 여자로 지치지 않고 신혼을 넘어 쭈욱 해피하게 밸런스를 맞추며 살아갈 수 있는 묘안을 내려주소서.

좌충우돌 신혼요리

ⓒ정유선, 2017

초판 1쇄 발행일 2017년 3월 1일

지은이 정유선
펴낸이 윤은숙
편집 책임 이희원
디자인 윤미정
마케팅 정민재
관리 구법모 엄철용

펴낸 곳 (주)느림보
등록일자 1997년 4월 17일
등록번호 제10-1432호
주소 경기도 파주시 회동길 198
전화 편집부 031-955-7383 영업부 031-955-7374
팩스 031-955-7393
홈페이지 www.nurimbo.co.kr

ISBN 978-89-5876-209-6 13590

이 도서의 국립중앙도서관 출판예정도서목록(CIP)은 서지정보유통지원시스템 홈페이지(http://seoji.nl.go.kr)와
국가자료공동목록시스템(http://nl.go.kr/kolisnet)에서 이용하실 수 있습니다.
(CIP제어번호 : CIP2017004088)

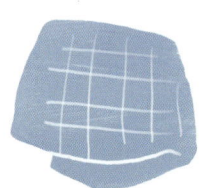